伝わるシンプル文章術

飯間浩明

Discover
ディスカヴァー

はじめに

「上手な文章が書きたい」とは、誰しもが望むことかもしれません。「上手」とは意味の広いことばです。これだけでは、どんな文章か漠然としています。

声に出して読むに足る名文が書きたい、という人もいるでしょう。修辞を駆使した芸術的な文章。そんなのが書けるようになったらいいですね。

ただ、芸術的な文章を毎日のように書く機会がある、という人は多くありません。私たちが実生活で書くことを迫られるのは、ほとんどの場合、もっと実用的な文章です。

実用的な文章は、ごく大ざっぱに分けて二種類あります。

ひとつは、事実を述べる文章。たとえば、「わが社の製品に新しいラインナップが加わりました。○○と××です」と知らせるものです。

事実を述べるだけでは、書き手の訴えかけたいことが、読み手に伝わらないこともあります。新しい製品が出た事実を知らせれば、ただちにその製品が売れる、というわけではありません。

そこで、もうひとつ別の種類の文章が必要になります。「あなたはこの製品を買うべきだろうか。もちろん買うべきだ。なぜなら……」と、論理を展開する文章です。広告でこのとおりに言うと露骨すぎますが、顧客向けの資料に、「貴社がわが社の製品を導入されるとメリットがありますよ」と文章を書く状況をイメージしてください。

この種の文章では、まず、執筆動機となる「問題」を提示します。そのすぐ後に、書き手自身の「結論」を記します。さらに、どうしてその結論になるのかという「理由」を添えます。

この「問題」「結論」「理由」という形式の備わった論理的な文章のことを、私は「クイズ文」と呼んでいます。私が編み出した形式ではなく、論理的な文章では普遍的に使われる形式です。優れたクイズ文を読んだ読者は、納得し、書き手を支持し、場合によっては書き手の望む行動を取ってくれます。

クイズ文の骨組みはごくシンプルです。本書の読者は、この本の冒頭を少し読むだけで、クイズ文がどんなものか理解できるはずです。ただ、そのシンプルな文章を自由自在に書くには、いろいろ知っておくべきことがあります。ぜひ後のほうまで読んでください。

私が大学で担当している文章指導の授業では、クイズ文の型を習得することを最終目標にしています。私は受講者たちに対し、「クイズ文が書けるようになれば、大学の課程を終えたも同然です」と言うことがあります。決して言いすぎではありません。学問とは結局、今まで明らかでなかったことを、クイズ文の形式で明らかにすることだからです。

ことさら学問的な文章でなくても、何かを筋道立てて述べようとすれば、クイズ文の形式が必要になります。慣れた書き手であれば、これを少し変形させても差し支えありませんが、まずは、型どおりのクイズ文を書く練習をしましょう。

本書は二〇〇八年に刊行した『非論理的な人のための 論理的な文章の書き方入門』を改題したものです。この本は、大学や高校の授業で使っていただくなど、予想外の好評を得ることができました。今回、より多くの人に気軽に手に取ってもらえるよう、フォーマットを変えて刊行することになりました。

本文中で使用している例は、当時の新聞記事など、時代を感じさせるものもあります。最近の例に変えることも検討しましたが、そうすると、それに伴って前後の文章も変わり、本書の構成に影響します。私が述べたいことは、当時も今も変わっていないので、一部の語句を変えた以外は、基本的に改稿を避け、例も当初のままとしました。

伝わるシンプル文章術　もくじ

LESSON 2

クイズ文とはどういうものか……32

LESSON 3

クイズ文の反対は「日記文」……58

第２章

クイズ文の型を理解しよう……95

第３章

実践！クイズ文を書いてみよう……163

LESSON 1

「問題・結論・理由」を用意する……164

LESSON 4

LESSON 5 文章完成に向けてすべきこと……242

第1章

伝えたい考えは「クイズ文」で書く

LESSON 1

言いたいことは伝わっているか

考えを伝え、理解してもらうためには？

　私たちは、ことばを使って、いろいろな情報や、思ったこと、考えたことなどを相手に伝えます。ことばは情報・思想を運ぶ道具です。ところが、この道具ときたら、じつに頼りないしろもので、しばしば行き違いを生じます。こちらが「確実に伝わった」と思っていても、相手はまるで見当違いの受け取り方をしていることがめずらしくありません。

　自分の考えたことを、ことばを尽くして相手に伝えているつもりなのに、いっこうにその真意を分かってもらえないとき、私たちはことばの無力さを感じます。とりわけ、レポート・論文・企画書・提案書・商品の説明など、自分の考えを世に問おうとして書いた文章が、読み手に理解されなかったり、冷淡な反応しか呼び起こさなかったりすると、書き手は途方に暮れます。

自分の考えを読者に確実に伝え、「なるほど、あなたの考えることはこうですね」とはっきり理解してもらえるような文章を書くためには、どうすればいいでしょうか。

それには、**「クイズ文」**を書けばいい、というのが私の答えです。

クイズ文とは耳慣れないことばですが、私が作った用語です。テレビや本に出てくる、あのクイズそのままの形式を持つ文章のことを、こう名づけています。もっと具体的に言えば、**「問題・結論・理由」の三つを備えた文章のことです。**

クイズ文の例を一つ出します。次のような具合に組み立てた文章です。

学生の私語を防止するには

大学の教室で私語に悩む教員は多い。放置すると、教室中に蔓延《まんえん》し、手がつけられなくなる。私も、新米のころは手を焼いた。学生たちの私語を防止するためには、どうすればいいだろうか。

私語を交わした学生を、まず一組注意し、無条件で退去させる。かつ、当人たちを欠席扱いにするというルールを決めておくことが望ましい。

なぜなら、このルールには一罰百戒（一人を罰して他のいましめにする）の効果があるからだ。実際に退去処分を受けた学生を見て、なおも私語を続ける学生はいない。

あちこちで私語があるとき、一組だけ退去させるのは不公平だと言う意見もあるだろう。だが、最も教員の注意をひいた学生を退去させるわけだから、不公平ではない。

私語を軽く考える学生が多いが、まじめに授業を受けたい学生の権利を奪う、罪の重い行為だ。そのことを最初に説明しておけば、学生はこのルールを受け入れてくれる。

のっけから、こわもての感じのする文章で恐縮ですが、この筆者は私です。どうか、私がルールでがんじがらめの重苦しい授業をしていると誤解しないでください。こういうルールを作っておけばこそ、楽しく授業ができるのです。

補足しておくと、教室がざわざわしていると感じたら、「どうも、うるさいようですよ。ルールは分かっていますね」と、まず注意します。その後、また私語をする人がいれば、このルール通りに実行します。

それはともかく、右の文章には、「問題・結論・理由」の三要素が含まれています。それを取り出してみます。

「問題」 学生の私語を防止するには、どうすればいいか。(一段落目)
「結論」 まず一組の学生を注意し、退去させ、欠席扱いにするというルールを決めておけばいい。(二段落目)
「理由」 なぜなら、このルールにより、一罰百戒の効果があるから。(三段落目)

この文章では、一段落目で読者にクイズ(問題)を出しています。「学生の私語を防止するには、どうすればいいか」というクイズです。クイズの答え(結論)が読者に分かってもらえれば、この文章の目的は達成したことになります。

今、読者の中で、私の出したクイズの答えが分からなかった人は、おそらくいないでしょう。ということは、私の文章は読者に完全に伝わったことになります。

クイズ文では、このように、一つの問題を出すことによって、筆者と読者とが問題意識を共有します。筆者は、その出発点から、読者を一つの到着点、すなわち一つの結論に導

クイズ文の例文を要素に分けると

問題

大学の教室で私語に悩む教員は多い。放置すると、教室中に蔓延し、手がつけられなくなる。私も、新米のころは手を焼いた。学生たちの私語を防止するためには、どうすればいいだろうか。

結論

私語を交わした学生を、まず一組注意し、無条件で退去させる。かつ、当人たちを欠席扱いにするというルールを決めておくことが望ましい。

理由

なぜなら、このルールには一罰百戒（一人を罰して他のいましめにする）の効果があるからだ。実際に退去処分を受けた学生を見て、なおも私語を続ける学生はいない。

想定される反論とそれへの再反論

あちこちで私語があるとき、一組だけ退去させるのは不公平だと言う意見もあるだろう。だが、最も教員の注意をひいた学生を退去させるわけだから、不公平ではない。

結論の確認

私語を軽く考える学生が多いが、まじめに授業を受けたい学生の権利を奪う、罪の重い行為だ。そのことを最初に説明しておけば、学生はこのルールを受け入れてくれる。

きます。出発点（問題）・到着点（結論）がそれぞれ一つですから、読者は、文章から何を読み取ればいいか、迷うことはありません。こういう理由で、私は、考えを伝えるためにはクイズ文が有効だという結論に至りました。

「問題・結論・理由」の備わった文章を書くことが効果的であることは、お分かりいただけたと思います。ただ、読者の中には、次のように考える人もあるかもしれません。

「なるほど、クイズ文なるものは読者に伝わりやすいかもしれない。でも、文章としてまとめたいテーマの種類はさまざまだ。必ずしもクイズ文の形だけがいいとは限らないだろう。日常よく目にする文章には、クイズ文でなくても、十分読みやすい文章がいくらでもあると思うが、どうか」

これは、もっともな疑問です。ただ、**考えの伝わる文章を書くということと、読みやすい文章を書くということは別物です。**読みやすい文章だからといって、筆者の考えを読者が間違いなく受け止めてくれるかというと、必ずしもそうはなりません。

以下、読みやすくても、伝えたいことが分からない文章を見てみます。こうした文章の問題点をよく理解することが、クイズ文の必要性を知るための前提になると考えるからです。

よく見るエッセー、言いたいことは何？

たとえば、ここに一つのエッセーがあります。よく見かける感じのエッセーで、特にむずかしいことは書いてありません。まずは全文を読んでください。

ミヤコワスレ

うちの庭に、今年もきれいなミヤコワスレの花がたくさん咲いた。

この薄紫色の花は、亡くなった母が生前に植えて丹精していたものだ。父の転勤で、わが家が東京から当地に引っ越した時、母自身が買ってきたことを覚えている。

しゃれっけのある人だった。鎌倉時代、都を追われて佐渡に流された順徳院にちなんだともいう花の名前。院は、この花をながめながら、都への思いを断ち切ろうとしたという。母がこの花を植えたのは、「東京に帰りたい」という私たち子どものわがままを抑えるつもりもあったのだろう。

私が成人して間もなく、母は亡くなった。花の世話は私たちが引き継いだ。

そのミヤコワスレも、猫の額の庭にはいささか増えすぎた。どなたかご希望の方でもあれば、少しお分けしたいと思っている。

日本語として難解な部分はありません。でも、筆者がこの文章で一番言いたいこと（問題にしたいこと）は何かを読み取ろうとすると、そう簡単ではありません。

ある読者は、最後の文に注目して、「ミヤコワスレの花をお分けします」と呼びかける文章だと思うかもしれません。別のある読者は、しゃれっけのある母の思い出を描いた一文だと思うかもしれません。また、別のある読者は、ミヤコワスレの由来を紹介する文章だと思い、「勉強になった」とうなずいて、あとのことは忘れてしまうかもしれません。

じつは、ここに描かれた家庭は実在しません。この文章は、私がでっち上げたフィクションです。私自身は、しいていえば、この文章を「花をお分けします」という呼びかけのつもりで書きました。ただ、それだけならば、「ミヤコワスレの花をお分けします。連絡先はこちら」ですんでしまいます。それでは何か言い足りないものがあるので、右のような文章になりました。筆者自身の頭の中には、言いたいことがたくさんあって、一つにまとまってはいません。

そして、読者のほうも、「筆者の一番言いたいことは何か」をそんなに重要視しないはずです。思い思いの興味（問題意識）に従って読めば満足で、筆者が何を伝えたいかは、とりたてて考えないでしょう。

この文章は、いわば、一枚の水彩画です。紙には、ミヤコワスレの花や、母の姿や、順徳院や、そのほかいろいろなものが描いてあります。見る人は、そのうちのどこに注目しても、べつにかまいません。

私は、こういった文章を書くべきでないと言いたいのではありません。何か一つのことを言おうとするのではなく、思いつくままに書き流す文章はあっていいし、実際、私たちが目にする文章の多くはそうしたものです。

汲み取ってくれるだろう、では伝わらない

ミヤコワスレについての文章ならば、筆者は、そんなにかっちり考えて書かなくてもいいかもしれません。まずは気楽に書くのが一番でしょう。読者も、自分の興味に従って、注目したいところだけを注目し、自由に解釈すれば十分です。結果として、筆者が伝えよ

うとするメッセージと、それぞれの読者が受け取るメッセージにずれがあっても、そんなに実害はありません。

一方で、それでは困る場合があります。書く人が、「これだけは伝えたい」と切実に考えることがあるとき、そのことがらが読者によってさまざまに受け取られてしまっては、なんにもなりません。

たとえば、「政府はむだ遣いをやめて、税金を安くすべきだ」と訴えたくて文章を書いたとしましょう。つまり、「減税せよ」と言いたいのですが、そのことが、読者に別のメッセージとして受け取られたとしたら、筆者はがっかりするでしょう。ある人は「今の政府は能力が低い」という話だと思い、別のある人は「筆者は生活が苦しい」という話だと受け取り、また別のある人は「税金は、むだ遣いをしなければ高くてもいい」という話だと了解した、というのでは、文章を書いた意味はなくなってしまいます。

学生に、一つのテーマについて主張するレポートを書かせても、このように「何が言いたいのか」が分からない文章が少なくありません。「ミヤコワスレ」に近いスタイルで書いてしまうものが、しばしばあります。

おそらく、これは、学校教育でことばを読むための訓練は行っていても、ことばを伝え、

書いた人の考えが伝わらなければ意味がない

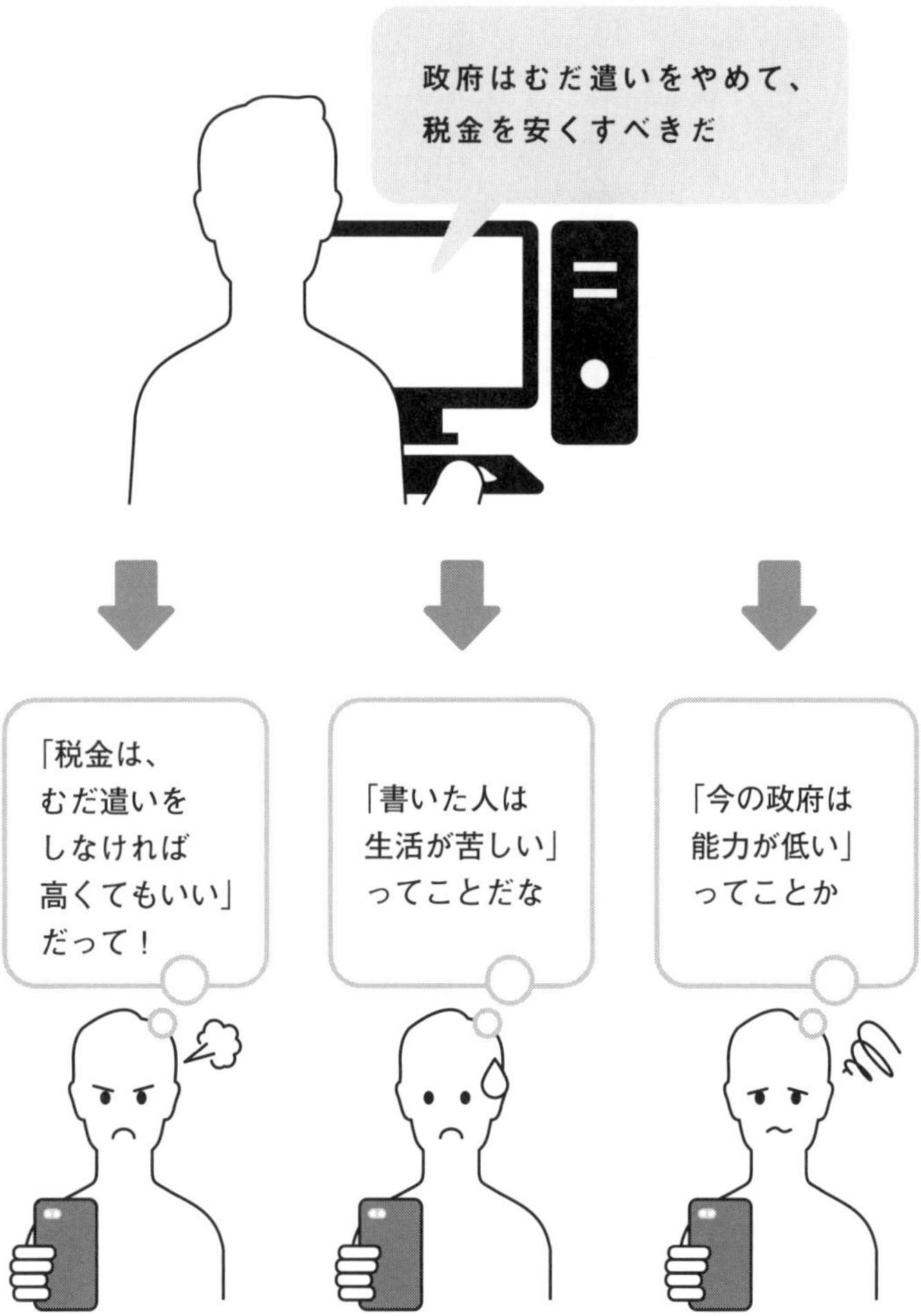

相手を説得するための訓練をほとんどしてこなかったからでしょう。入学試験の国語では、読解力は試されますが、論述力はほとんど問題にされません。採点が面倒くさいとか、いろいろ理由はあるのでしょうが、根本的には、私たちが、文章を読むことには熱心でも、文章で何かを伝えることには不熱心だからです。

多くの人は、文章というものは、まあ何か書いておけば、読者がうまく汲《く》み取ってくれるだろう、ぐらいに思っています。ところが、すでに見たように、何の工夫もなく書くだけでは、読者はてんでんばらばらの反応を起こします。うまく汲み取ってくれるどころか、予想外の反発を招くことだってあるかもしれません。多くの筆者は、読者がどんな反応をするかについての想像力がなさすぎます。

伝える姿勢がとぼしい新聞のコラム

伝わりにくい文章を書くのは素人のことで、文章のプロはそんなことはないと思われるかもしれません。ところが、素人であろうが、玄人であろうが、筆者の意図がすっきり伝わる文章が少ないのは同じことです。

新聞の一面の下に載っているコラムは、大学入試の国語の問題に使われることも多く、評論文の代表的なものとされています。『朝日』の「天声人語」、『毎日』の「余録」、『読売』の「編集手帳」、『産経』の「産経抄」といった欄のことです。高校生は、国語の勉強のために、このコラムを読んで、段落ごとに要約したり、全体を短くまとめたりすることがあります。そのコラムが、じつは、考えを伝える文章の手本には必ずしもなりません。

このことは、わりあいよく指摘されます。たとえば、鳥飼玖美子さんは、『歴史を変えた誤訳』（新潮文庫）の中で、日本の新聞のコラムについて、英語的な感覚では何を主張しているのか分からないと、批判的に取り上げています。もっとも、鳥飼さんは、日本語の論理は英語の論理とは違う独自のものであることを認めていて、同情的な部分もあります。

私はどうかというと、新聞のコラムは、日本語としても論理的でないものが多く、何かを伝えようという姿勢がとぼしいと考えています。

ある日の「天声人語」、どこがだめなのか

大学の授業で、ある日の「天声人語」を学生といっしょに読んでみました。特にどの日

付と選ぶことはせず、ただし、あまり暗い事件を扱ったものはやめて、ちょうど亡くなったばかりのマルセル・マルソーのことを扱った文章を題材にしました。原文の段落に丸数字をつけて引用します。まずは、ざっと読んでください。

①パントマイムの神様、マルセル・マルソーは舞台の外では多弁だった。「マイム役者にしゃべらせちゃいけないよ。止まらないから」という軽口を、AP通信の追悼記事が伝えている▼②84歳で逝った「沈黙の詩人」は、芸術性を削らずに無言劇を大衆化した。観衆はマルソーの指や目を追い、演者も客の感性を信じて指や目を動かす。そんな濃密な意思疎通が、言葉の不在を埋め、お釣りがきた▼③マイムとは逆に、政治は言葉がすべてだ。その言葉がどうも貧しい。最近の首相でも、小泉氏は短い断定で大衆をけむに巻いた。安倍氏は肝心な時に説明を避け、病院から小声で別れを告げた。福田康夫氏にはぜひ、言葉を大切にする政治をお願いしたい▼④政治姿勢は人事に表れる。自民党の伊吹幹事長は「テレビ討論に強そうだから」と起用されたらしい。再任や経験者をそろえた新内閣も、国会論戦をにらんだ布陣と聞く。来るべき総選挙まで、衆目の中で与野党が議論を尽くし、対案を出し合う「有言劇」を見てみたい▼⑤民主党の小沢代表は、口より腹や腕を駆使して政界を渡ってきた印象

がある。安倍氏との党首討論は期待外れだった。政権を狙うのなら、国民の前に進み出て、自身の弁舌で世論をうねらせる努力が要るのではないか▼⑥言葉に頼らぬマルソーの芸は、軽やかに国境を越え、世界中で愛された。ひとたび顔を白く塗った役者は「動きの人」に徹した。政治のプロたちにも、この潔さがほしい。それは、本職の舞台で「言葉の人」を貫き通すことである。

（『朝日新聞』二〇〇七年九月二六日）

ちょうど、安倍晋三内閣が崩壊して、福田康夫新内閣が成立したころのことで、マルソーのパントマイムと、日本の政治家の姿勢とが関連づけられています。私は、正直のところ、この文章の主旨がよく分かりませんでした。

右の文章は、私なりにまとめれば、次のようになります。

1　マルソーは無言劇で、ことばがなくても観客と深く意思疎通できた。（①②）

2　政治家はこれと逆に、ことばを駆使して議論すべきだ。今まではことばが貧しかったが、これからに期待したい。（③〜⑤）

3　マルソーは無言劇が本職だから、それに徹して愛された。政治家は有言劇が本職だから、それに徹してほしい。⑥

一見、きれいにまとまったようですが、文をひとつひとつ見ていくと、どうも話に一貫性がありません。

1の部分を読むと、「ことばはなくても濃い意思疎通ができる」という話です。それならば、政治家もマルソーを見習ってジェスチャーだけで行けばいいのかというと、そうではありません。

2では、あっさり、「ことばがなくてもいいのは無言劇の場合であって、政治家は話が別だ」となります。マルソーの無言を称賛していたのに、「でも、政治では無言はだめですよ」と続けるのでは、何のためにマルソーの話を出したのか分かりません。ことばの力について述べたいのならば、ことばを徹底して取りのぞいたマルソーの話を出すのは、混乱の元になります。

3はまとめの部分ですが、これは1と2をむりやりつなごうとしています。「マルソーは無言劇をがんばった。日本の政治家も議論をがんばれ」というわけで、かなり強引なまとめ方です。

おそらく、筆者の真意は、「マルソーは豊かな表現者だった。政治家も豊かな表現者になれ」ということなのでしょう。でも、そのことは、直接的な表現としては、本文のどこにも書かれていません。マルソーも政治家も表現者という点では同じだということは、私が読みながら補ってみたのであって、いわば、行間から推測したものです。筆者の頭の中では、もしかすると、そこまでまとまっていないかもしれません。

受け取り方が人によって変わってしまうのは筆者の責任

学生は、この文章を読んで、いろいろに解釈しました。

「マルソーは舞台の外でしゃべる時と舞台で沈黙する時とを区別しているが、政治家は話すべき時でさえことばを大切にしていない、と言いたいのでは」

「マルソーはことばがないのに意思疎通ができた。政治家はことばが使えるだけ有利ではないか。もっと国民を満足させる政治をせよ、ということでしょう」

などと、受け取り方が人によって微妙に変わっています。はなはだしくは、

「私はマルセル・マルソーという人を知らなかったので、どんな人かということが分かっ

ただけでも、ためになりました」

という人もいました。この解釈の差は、読者の責任ではなく、筆者の責任です。

このように見てくると、「天声人語」も、先の「ミヤコワスレ」の文章と同じで、読者がそれぞれ好きなように受け取っていい文章、先ほどの表現を使えば、水彩画的な文章である疑いが濃厚です。これを一種の論文と考えて、受験勉強などのために使うのは避けたほうがいいでしょう。

POINT

▼考えを伝えるには、「問題・結論・理由」を備えた「クイズ文」が有効。
▼読みやすい文章でも、筆者の伝えたいことが分からない文章がある。

LESSON 2

クイズ文とはどういうものか

伝えるための文章はクイズにそっくり

文章の筆者が、その内容について、「読者がそれぞれ好きなように読んでくれれば満足だ」と思っているのであれば、横からとやかく言う筋合いはありません。ちょうど、草花の絵について、花をほめるのも、葉をほめるのも、見る人の自由であるのと同じです。

それとは反対に、「私は、自分の考えを、間違いなく読者に伝わるようにしたい」と筆者が考えるならば、そのための方法を用いなければなりません。

まず、何について考えるかを明示する必要があります。考えというものは、初めの段階では疑問形で現れるものです。たとえば、新しい薄型テレビはどのメーカーの製品を買えばいいかを考える場合、単に「新しい薄型テレビについて考えよう」と思っても、何も考えられません。「新しい薄型テレビはどのメーカーの製品を買えばいいか」と、助詞「か」などで終わる疑問文が成立して初めて、考えが動き出します。考える契機となる疑問文のことを「**問題**」と言います。文章の始めには、一つの問題を示しておく必要があります。

また、考えたことの「**結論**」を明示する必要もあります。一つの問題に対する結論は一つです。

結論が唐突に出されては、読者は同意できません。ある問題から、ある結論に至る筋道を示すのが「**理由**」です。問題と結論を結ぶ理由の数は、ふつうは、一つまたは二つ程度に限られています。

一つの問題と、一つの結論、それに理由の三要素が備わった形式というと、これはクイズの形式と同じです。クイズは、一つの問題に対し、一つの答えが用意されています。少しでもひねった問題ならば、理由も添えられています。このように、考えたことを間違いなく伝えるための文章の形式は、クイズの形式にそっくりなので、私はこれを「クイズ文」と名づけました。

クイズ文の三要素の関係を図に表すと、次のようになります。

クイズ文の三要素の関係

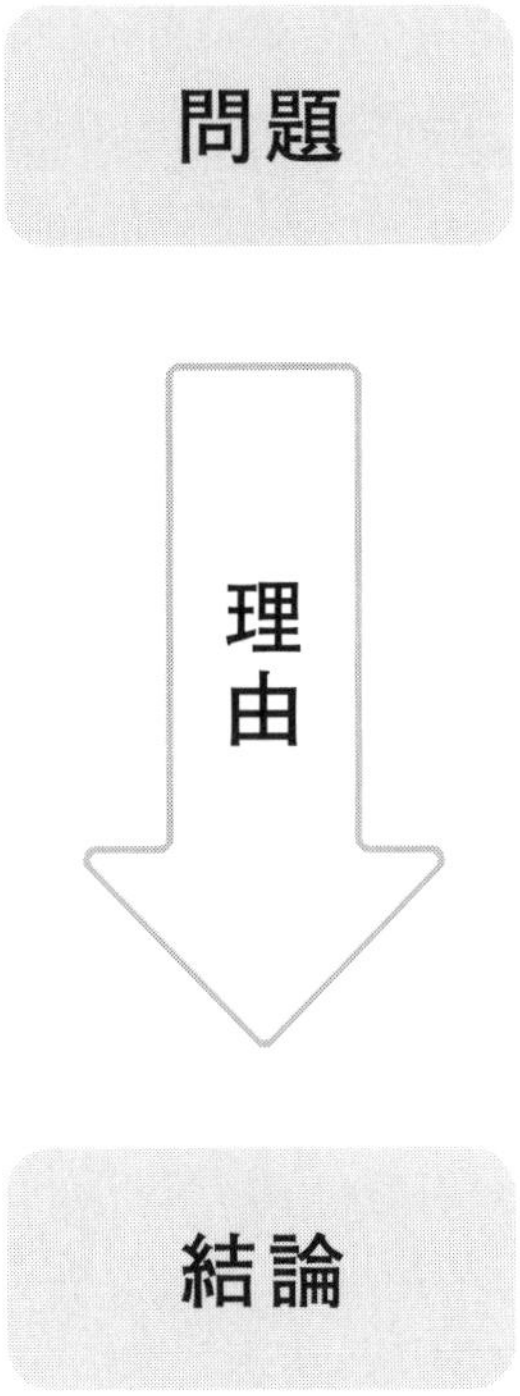

これらの三要素は、次のようなたとえを使って説明してもいいでしょう。クイズ文の筆者は、まず、読者を「問題」という駅のホームに立たせます。筆者は読者を伴って「理由」という電車に乗ります。この電車が脱線したりせず、うまく論理という線路の上を走って行けば、「結論」という駅に到着することができます。

実際のクイズを見てみると

「クイズ文」の名前の由来となっているクイズとは、どういう形式をとっているものか、もう少しくわしく見ます。

私にとってクイズといえば、まず頭に浮かぶのは、多湖輝さんのベストセラー『頭の体操』（光文社）です。このシリーズは、一九六六年に第一巻が発売され、その後も新しい巻が続きました。もともとは新書版でしたが、後には文庫に入ったり、携帯ゲーム機の素材として使われたりしているようです。若い人の中にも知っている人がいると思います。

子どものころ、父の本棚に、囲碁や将棋の本に混じってこのシリーズがあったので、私も愛読していました。どの問題をとっても、ふだんの物の見方をまるっきりくつがえす、面白いものばかりでした。この本のおかげで、子どもの私はずいぶん賢くなりました。学校の勉強はともかくですが。

『頭の体操』から、実際のクイズの例を紹介します。まず、第一巻の冒頭の「問2」を引用します。

猟師が小屋を出て南に十キロメートル歩いた。それから向きを変えて、西に十キロメートル歩いた。それからさらに向きを変えて北に十キロメートル歩いたら、自分の小屋に戻ったという。むろん、小屋の位置は、最初から変わっていない。こんな妙なことが、ありうるだろうか。

学生に聞いてみると、「まったく分からない」という人が大半です。こういうことは、みんな得意中の得意だろうと思っていたので、意外でした。

「分かった」という人にまず聞いてみると、「ありうる。それは、東西の幅が一〇キロメートルの小屋でしょう」と言います。なかなか想像力があっていいのですが、これは不正解です。というのも、幅が一〇キロもある建物は、これは万里の長城のごときものであって、もはや「小屋」とは言えないからです。

原典の正解はこうです。〈ありうる。なぜかといえば、猟師の小屋は、ちょうど北極点にあったのだ〉。なるほど、北極点から出発すれば、南や西に何十キロ歩こうが、そこから北に向かえば、元の北極点に戻るわけです。学生のうちには、解説を聞いてもまだ分からないという人もいましたが、そういう人には、『頭の体操』を買って特訓してほしいと思います。

もっとも、このクイズには別解もあります。南極から一〇キロよりさらにちょっと北に行った地点にも、正答となる地点が無限にあるということです（パウンドストーン・松浦俊輔訳『ビル・ゲイツの面接試験』青土社）。それがどういう地点かは、くわしく述べる余裕はないので、どうか地球儀を見ながらお考えください。ここでは、とりあえず、小屋が北極点にあったことが指摘できれば合格です。

もう一つ、『頭の体操』から引用します。今度は「問25」です。

ろうそくが十本燃えていた。そこへ風が吹いて、二本は消えてしまった。またあとで見に行くと、さらに一本消えていた。そこで風の当たらぬように窓を閉めた。それからは残りの一本も消えなかったとして、最後まで残ったろうそくは何本か。

これも、分からないという学生が多くいました。二問とも分からず、しょげ返った人もいれば、「私はもともとクイズが好きではない」と開き直る人もいました。クイズが好きではないというのは、ものを考えるのが好きでないということに近いので、不安を覚えます。まあ、そういう人でも、携帯ゲームか何かで頭の体操をしてほしいと、切に願います。

多かった誤答は、「一〇本のうち三本は消えたのだから、残りは七本」というものでした。これでは単なる引き算で、クイズ的な発想の飛躍がありません。

原典の正解にいわく、こうです。〈残ったのは〉三本。燃えていた七本は、燃えつきてしまう。残ったのは、途中で消えた三本のろうそく〉。この問題のミソは、「火の消えた」ろうそくは最後まで残り、「火の消えなかった」ろうそくは溶けてなくなってしまうということです。「消える」ということばに、つい惑わされて、答えを間違えてしまいます。

「問題・結論・理由」の役割

右のクイズの中にも、「問題・結論・理由」の三要素が入っています。これは、クイズ文で用いる「問題・結論・理由」と同じものです。

二つのクイズの例のうち、どこがそれぞれの要素にあたるかを確認しておきます。あわせて、クイズ文の中では三要素がどういう役割を果たしているかについても、ここでまとめておきます。

①問題

問題に当たるのは、「〜か」で終わる文全体です。右のクイズでは、

「猟師が小屋を出て……こんな妙なことが、ありうるだろうか」

「ろうそくが十本燃えていた……最後まで残ったろうそくは何本か」

の部分です。

問題に相当する文は、疑問形で終わっていることが特徴です。「ありうるだろうか」「何本か」と相手に問いかけています。日本語の場合、助詞「か」を使うのがふつうです。く

だけた言い方ならば、「ありうる？」「何本？」とクエスチョンマークを使うこともあります。また、「残ったろうそくの数を答えよ」と命令形になることもありますが、これも疑問形の変形と見ておきます。

人間の脳というのは不思議なもので、疑問形を耳にすると、脳は即座に回転しはじめます。特に、「か」という助詞が、脳を回転させるスイッチになります。

たとえば、友だちといっしょにいて、相手が「ああ、おなかが減った」とつぶやいても何も感じないという人でも、「今晩、何を食べようか」と聞かれると、「そうだなあ……」と、とたんに考えがはたらきます。

クイズ文では、「～か」という問題の部分が、筆者の考えの出発点（考える契機）となります。同時に、読者の考えをはたらかせるスイッチの役割を果たします。

②結論

結論に当たるのは、クイズの答えの部分です。右のクイズでは、

「ありうる」

「三本」

という短い部分が結論に当たります。

クイズの結論は一つです。猟師の小屋のクイズのように、別解が考えられるものもありますが、出題者の意図としては、ふつうは一つの結論を求めています。

結論は、一つに決まっていることで、クイズを面白くしています。クイズはゲームの一種です。スポーツにしろ、トランプにしろ、およそゲームというものは、結論がはっきり一つに決まっています。サッカーのワールドカップの試合で、「ある見方では日本の勝ちとも考えられるが、別の見方ではブラジルの勝ちとも言える」などということはありません。勝ちは勝ち、負けは負けです。

クイズ文でも、同様に、明快な一つの結論が示されます。

明快に書かれた一つの結論は、読者に賛成または反対の意見を生じさせます。読者がどちらかの意見を抱いたということは、筆者の結論を理解したからと言うことができます。賛成ならともかく、反対意見を生じさせては困ると思うかもしれませんが、有意義な反論は筆者のためになります。筆者も、反論に対しては文章の中で備えておきます。自分の結論が確かな理由（次項参照）に支えられていることを示したり、想定される反論への反論をあらかじめ述べたりします。

③理由

右のクイズでは、次の部分が理由に当たります。

「なぜかといえば、猟師の小屋は、ちょうど北極点にあったのだ」

「燃えていた七本は、燃えつきてしまう。残ったのは、途中で消えた三本のろうそく」

「問答」とか「Q＆A」とかいう言い方があるので、クイズは問題と結論があれば完結するような印象もありますが、それは、単純な「当てもの」の場合です。「中国の首都はどこですか」「北京です」といった単純な問答ならともかく、ちょっとでもひねったクイズなら、理由がなければ完結しません。正解に添えられる理由があざやかであればあるほど、いいクイズになります。

クイズ文では、理由は、なぜその結論になるかという、考え方の筋道を示す役割を果たします。結論だけをぽんと出せば読者が容易に理解し、賛成するような文章は、たいした内容を述べてはいません。新しい考えを主張する文章では、読者は、結論を読んだだけでは疑問が消えず、「なぜその結論になるのか知りたい」と思います。そこで、筆者は理由を述べ、問題から結論に至る考え方の道筋を示して、読者を納得させます。

数学の証明問題はクイズ形式だ

クイズやクイズ文に見られるような、「問題・結論・理由」の三要素からなっている形式のことを、「クイズ形式」と名づけておきます。

このクイズ形式は、ほかにもいろいろな場面で観察することができます。たとえば、いちばん身近な例は、学校の数学の授業です。

私は数学が苦手で、中学・高校を通じて、一度もいい点を取ったことがありません。高校の数学の試験では、書くことがないので、答案におわびの俳句を書いたりしていたくらいです。

それはともかく、私も、数学に対する興味の芽がまったくなかったわけではありません。中学三年のころ、にわかにひらめいたことがあって、自分で数学の証明問題を作ったことがあります。次ページのような図形を示して、「xの角度は何度か」というものです。

この図から、ぱっとxの角度が分かるでしょうか。

自慢ではありませんが、われながらなかなかの難問で、数学が得意な友だちも頭をひねっていました。ふだん、数学ができないと軽く見られていた私も、この時ばかりは日ごろ

数学の証明問題も「クイズ文」

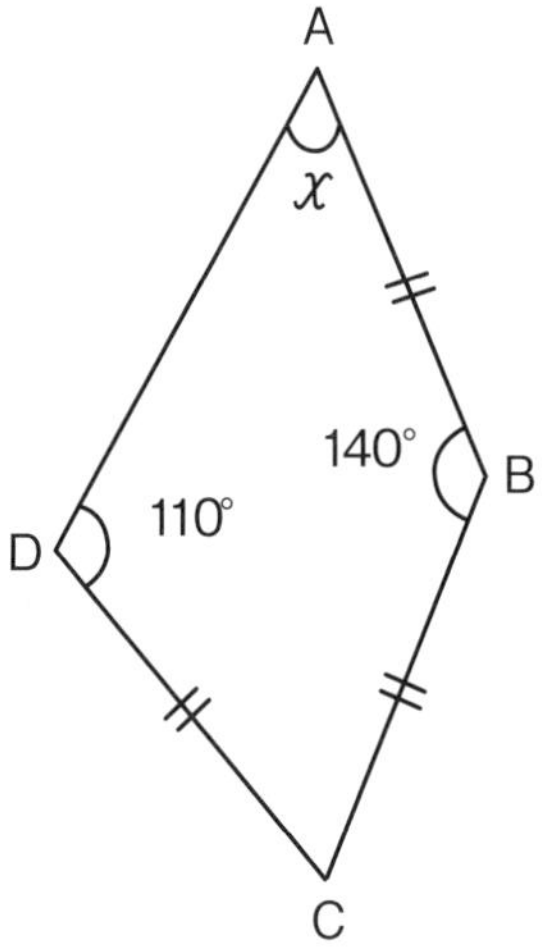

問題	xの角度は何度か
結論	50°
理由	なぜなら……(証明)

のかたきを討った気になりました。先生に解いていただくと——やはり、多少は悩んでおられたのではないかと思います。これを解くのに必要な知識は中学三年程度なのですが、それにもかかわらず、なかなか解けない問題ができたというのが、私の自慢でした。

簡単に、証明方法と答えを説明しておきます。

このつぶれたひし形のような四角形のうち、BとDの角度はもう分かっています。xの角度を出すためには、あとはCの角度が分かれば十分です。これをどうやって求めるかですが……。

そのためには、このつぶれひし形が半円の中にぴったり収まることに気づく必要があります。つまり、Bを円の中心としたとき、A・D・Cは円周上に来ます。

なぜそう言えるかについては、あまり数字を並べたくないので、「くわしくは中学三年の『円周角と中心角』を見てください」と逃げておきます。ともかく、BAもBDもBCも、Bを中心とする円の半径です。

ということは、BCDの部分は正三角形です。正三角形の角は六〇度に決まっていますから、Cの角度も六〇度ということになります。

あとは、引き算で、xは五〇度であることが導き出されます。

こう書いてみると、「どこが面白いのかね」と言われそうですが、私の工夫は、学校で習ったばかりの「円周角と中心角」の公式を、一見、円とは関係のない四角形に応用する点でした。私が解答を教えると、友だちは、「これはひきょうな問題だ」と文句を言いました。

ともあれ、この証明問題は、次のような形に整理されます。

「問題」 xの角度は何度か。
「結論」 五〇度。
「理由」 なぜなら……（以下、公式を駆使して証明）

まさしく、クイズ形式です。証明問題では、理由（証明）を正しく述べることが重要ですが、この点も、クイズが、あざやかな理由を備えていなければならないのと同じです。

理科でも習うクイズ形式

また、クイズ形式は、理科の授業でもお目にかかります。

NHK教育テレビの番組に関わったことがあります。これは理科の番組ではなく、国語の番組でしたが、はっとしたことがあります。

番組の中で、小学生に文章の中から理由を見つけさせることを試みました。ある文を選んだ子どもに対して、お姉さんが、「どうしてこの文が理由だと思うのですか?」と質問しました。すると、子どもは、「ここに『～から』と書いてあるからです。理科のテストで理由を書くときは、『～から』をつけます」と、はっきり言いました。

たしかに、理科のテストでは、たとえば次のように考えていきます。

「問題」 煮てやわらかくした葉っぱにヨウ素液をたらすと、どうなりますか。
「結論」 青紫色に変わる。
「理由」 光合成によってデンプンができているから。

このように、理科の時間にも、クイズ形式を練習しています。「から」という助詞が理由を表すことを、子どもは、国語の時間にではなく、理科の時間に習います。私自身の記憶でも、理科の時間には理由を書くことをやかましく言われました。

私が考え込んでしまうのはこの点で、本当なら国語教育が責任を持たなければならないことが、理科教育に任されています。

数学・理科といった理数系の科目で、「問題・結論・理由」のクイズ形式が繰り返し練習されているのに対し、国語では、クイズ形式を教えることは一般には行われていません。これはおかしなことです。

今しがた、中学生の国語の問題集を見てみました。

「理由を文中から抜き出せ」という形で理由を問う問題はありますが、「あなたはどう考えるか。理由を添えて答えよ」というようなクイズ形式の問題は、やはり見当たりませんでした。

数学・理科は論理的な教科なので、クイズ形式で考えることは役に立つけれども、国語は論理的な教科ではないので、クイズ形式は不要なのでしょうか。

そんなことはありません。国語はことばを教える教科であり、ことばは論理を伝える道具なのですから、クイズ形式は国語の授業でこそ教える必要があるはずです。

昔の日本人もクイズ形式を使っていた

クイズ形式は、理数系の教科で特におなじみだという話をしましたが、国語の授業でも、それとは知らずにクイズ形式を扱うことがないわけでもありません。古典文学に、読者もよくご存じの例があります。

平安時代、宮中で暇を持てあましていた中宮は、清少納言たちを集めてこう尋ねました。

「春の一日のうちで、一番すてきなのはいつごろ?」

この問題に、清少納言は「あけぼの(明け方)です」という結論を出しました。理由は、「だんだん空が白みはじめるころ、山際が少し明るくなって、紫がかった雲のたなびいているのがきれいだから」。

言うまでもなく、「枕草子」の冒頭です。この作品は、「すさまじきものは何?」「うつく

「枕草子」もクイズ文

問題

春の一日のうちで、一番すてきなのはいつごろ?

結論

あけぼのです

理由

だんだん空が白みはじめるころ、山際が少し明るくなって、紫がかった雲のたなびいているのがきれいだから

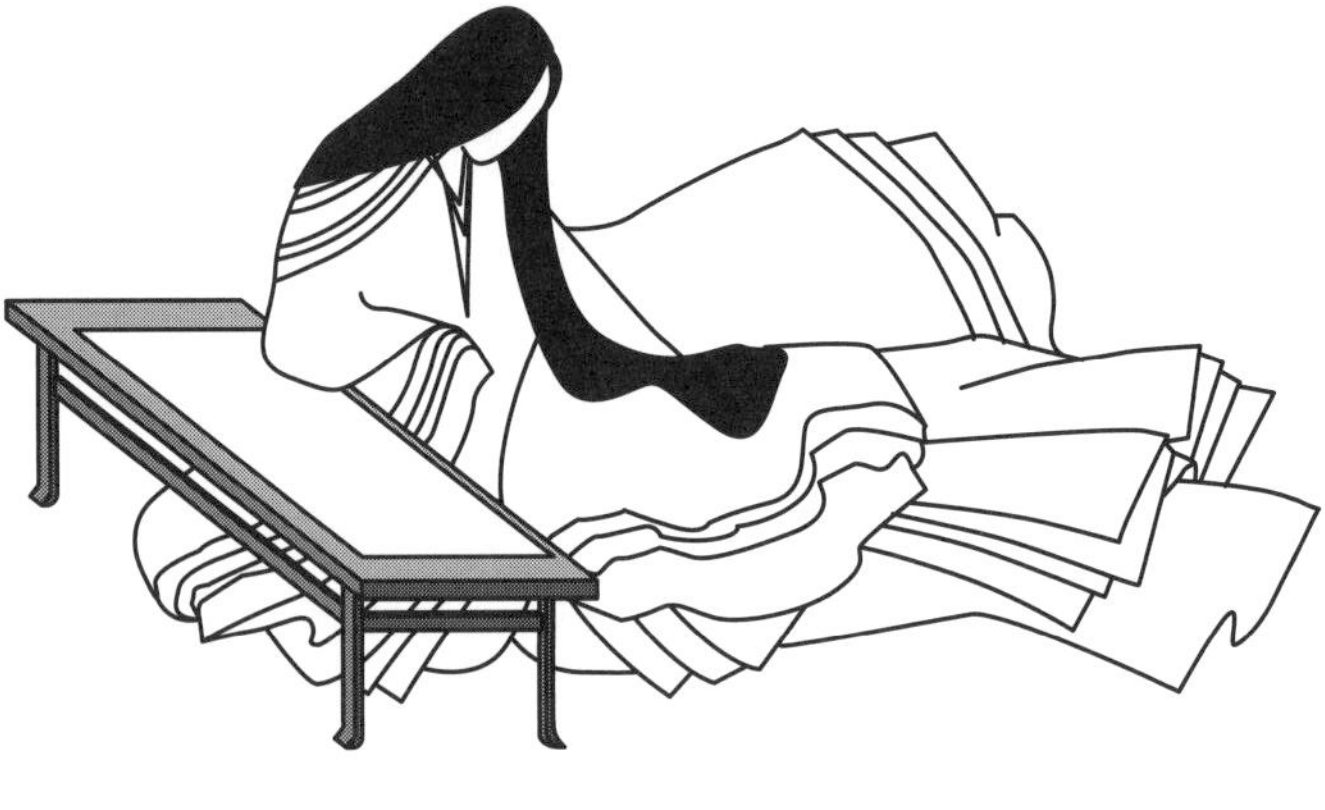

しきものは何?」などの問題に、独特の結論を用意しています。右のように、一種のクイズ文になっている場合も多いのです。「枕草子」は、クイズ文を集めた書物ということもできます。

もっとも、ここに記されたクイズ文は、理由がなかったり、主観的な理由であったりすることが多いので、論述を目的とするクイズ文の手本にするわけにいかないのは残念ですが……。

また、多湖輝さんのクイズよりもずっと前から、日本には、「問題・結論・理由」をことさらはっきりさせたクイズがありました。「なぞかけ」がそうです。

なぞかけは、「〇〇とかけて何と解く? ××と解く。その心は、△△」という形式でできています。たとえば、

「ウナギとかけて何と解く? ——傘と解く。その心は、開いてさす」

という具合です。「ウナギとかけて何と解く?」が問題、「傘と解く」が結論です。それだけでは聞いている人はきょとんとしていますが、「その心は、開いてさす」と言われたところで、納得して膝《ひざ》をたたきます。この「心」というのは、「理由」という意味の古い日本語です(蛇足ながら、ここでは、ウナギを包丁で開き、くしを刺してかば焼きにするのと、

雨の時に傘を開いてさすのとをかけています)。

昔から、日本人はクイズ形式を使って、楽しんでいたと言うこともできます。今の私たちも学んではどうでしょう。

練習1 「問題・結論・理由」を備えた自己紹介をしてみる

国語の授業でクイズ形式を扱う場合、いきなりクイズ文を書かせるという以外にも、さまざまな方法があります。「枕草子」を読ませて、自分ならどういう答え(結論)・理由を考えつくかを言わせてみたり、なぞかけをして遊んだりするということも、クイズ形式のちょっとした練習にはなります。

自己紹介をクイズ形式で行うこともできます。これならば、特に準備もいらず、そんなにむずかしくありません。

ふつう、自己紹介をするときには、クイズ形式などは使いません。大学生に教室でむりやりやらせるとすれば、まあこんな具合でしょう。

「教育学部二年のA野X恵です。サークルはバレーボールクラブに入っています。勉強はあまり得意ではありません。どうぞよろしくお願いします」

「法学部三年のB山Y太です。サークルは合唱部で、バスを歌っています。どうぞよろしくお願いします」

「文学部一年のC川Z平です。サークルは……」

と、なんだかみんな同じような感じです。人数が二、三人ならともかく、二、三十人ぐらいがこの調子でやると、聞いている人には、ほとんど何の記憶も残らずに終わるでしょう。


そこで、自己紹介をする人に、教師からあらかじめ一つの問いを投げかけておきます。簡単なところで、「あなたの嫌いなものは何ですか」というのはどうでしょう。自己紹介をする人は、それに答えます。ただ答えるのではなく、理由を添えることにします。名前は最後に言います。するとこうなります。

「私の嫌いなものは、テレビのバラエティー番組です。なぜなら、たいていいつも、だれかを笑い者にしているからです。あれはどう見てもいじめです。A野X恵です」

「私の嫌いなものは、出席をきびしく取る授業です。なぜなら、学生の興味をひく努力をせずに、学生を強制力で従わせているからです。B山Y太です」

「私の嫌いなものは、ブロッコリーです。なぜなら、小さないぼいぼが集まった形で、気味が悪いからです。C川Z平です」

このような形式に則って自己紹介をすると、それぞれの人の物の見方がよく分かります。聞いている人は、「そうだそうだ」と共感したり、「自分は違うな」と別の考えを持ったりします。全員の話を記憶に留めることは無理としても、ただの自己紹介よりはよほど印象が強いし、第一、聞いていて楽しくなります。このことは、私の教室で実験ずみです。印象が強く、楽しい自己紹介になるのは、紹介が「問題・結論・理由」を備えたクイズ形式になっているからです。

この自己紹介では、「私の嫌いなものは何であるか」という一つの問題について、いわば論述を行うことになります。問題が決まっているので、聞いている人は、それに対する一つの結論を知りたいという目的意識が生まれます。話を漫然と聞くよりも、ある目的のために聞くほうが、興味も生まれ、記憶にも残るのは当然です。

「私の嫌いなものは何か」という問題について、最初のA野さんは「バラエティー番組です」という結論を出しました。これを聞いた人は、さらに「なぜその結論になるのか」という新しい疑問を持ちます。ここで理由が述べられます。理由というものは、問題と結論をつなぐための、きわめて知的な操作ですから、A野さんの物の見方、性格、それに、頭脳の明晰《めいせき》さまで分かってしまいます。自己紹介にはうってつけの形式です。

理由に反論できる場合、できない場合

なお、これらの自己紹介は、聞き手の反応の点から見ると、二種類に分かれます。

A野さんとB山さんの発言に対しては、聞き手は反論を行うことができます。たとえば、A野さんの出した理由について、「笑われている出演者はそれを売り物にしているのだから、いじめではない」と言う人もいるでしょう。B山さんの出した理由について、「教育は強制力を伴うのだから、教師のやり方は間違っていない」と言うこともできるでしょう。

ところが、C川さんの出した理由に対しては、聞き手は反論ができません。「ブロッコリーのいぼいぼは気味悪くはないですよ」と言っても、C川さんが「でも、私は気味が悪いと思う」と言えば、それで終わりになります。このように、どっちが正しいか論争できない考えのことを、主観と言います。C川さんの理由は主観的です。この本で目指す本格的なクイズ文には、主観を入れてはいけないことにします。

厳密なことを言えば、「私の嫌いなものは何か」という問題自体、主観的な要素を含みます。だれに反論されても、嫌いなものは嫌いとしか言えないからです。客観的に論じようとすれば、「何が嫌いか」ではなく、「何を改善すべきか」のように問題を設定する必要があります。「何を改善すべきか。バラエティー番組だ」ならば主観的ではありません。

ただ、これは自己紹介ですから、主観的かどうかは、あまり気にしなくてけっこうです。「ブロッコリーが嫌い」の理由も、自己紹介としてはこれで合格です。ここでの第一の目的は、理由をはっきり言うことです。

理由を言う訓練が不十分な人は、「私の嫌いなものは、電車内での化粧です。なぜなら、見ていて不愉快になるからです」のように言うことがあります。「不愉快だ」ということと、「嫌いだ」ということはほとんど同じことで、主観的か客観的か以前に、理由になっていません。こういう人でも、クイズ文の練習をするうちに、理由の言い方が分かるでしょう。

ひとつ、読者のあなたも、例を参考にして、クイズ形式で自己紹介を考えてください。

あなたの嫌いなもの（こと・人）は何ですか。

それは、なぜですか。

聞いている人が「なるほど」と納得するように述べてください。

POINT

▼「クイズ文」と、実際のクイズの形式はそっくりだ。
▼「問題・結論・理由」にはそれぞれ役割がある。
「問題」は「〜か」の形をとる。筆者の考えの出発点であり、読者の考えをはたらかせるスイッチ。

「結論」は一つ示される。読者に賛成または反対の意見を生じさせる。

「理由」は問題から結論に至る考え方の道筋を示す。結論で残った読者の疑問を解消する。
▼クイズ形式は、数学や理科の時間など、いろいろなところに出てくる。自己紹介などで練習することもできる。

LESSON 3

クイズ文の反対は「日記文」

ふつうに目にする文章は「日記文」

クイズ文という文章がどんなものであるか、今までのところでだいたいの輪郭は見えてきたのではないかと思います。多くの読者は、「こんな文章形式は、これまでにあまりなじみがない」という感想を持つかもしれません。

実際のところ、私の定義するクイズ文、つまり、「問題・結論・理由」の三要素を基本にして書いた文章は、そうそう目にするものでもないのです。新聞のコラムすら、この要素を満たしていない場合がある（むしろ、多い）ということは、すでに説明しました。

この形式の文章を手っ取り早くたくさん見る方法は、学術論文集を開くことです。つまり、クイズ文は結局、論文の形式です。なじみがないのも当然ですね。それに、論文と名のつくものでも、どういう問題意識に立って書いたのか分かりにくい文章もあります。結論を明言しない文章もあります。私のいうクイズ文の形式にぴったり当てはまる文章は、なおさら探しにくいことになります。

では、私たちが日常ふつうに目にする文章形式はどんなものかというと、それは、「**日記文**」とでも称すべきものです。文字どおり、日記として書く文章のことです。

ほとんどの文章は、大ざっぱに、クイズ文か、日記文かのどちらかに分類することができます。両方の要素が混ざったものもありますが、大きく分ければ、この二つになります。「書き方が不十分で、意味不明の文章」は、さすがにどちらにも分類できません。そういうのは、この際は除いておきます。

私たちが、ふだん、形式を意識せずに文章を書くと、それはまず日記文になります。そこで、クイズ文の書き方を説明する前に、日記文がどういうものか、よく見ておきます。日記文についてよく知ることが、クイズ文をきちんと書くためには必要だからです。

日記はどういう形式で書かれるか

日記文の典型例は、日記です。読者の中には、インターネットのブログで日記を書く人も多いでしょう。ここで、日記とはどういう形式で書かれるものかを見てみます。

まず、ある小学五年生の日記を二日分、抜粋します。英語の教室について書いた部分です。

6月15日（金）晴れ

学校から帰ると、英語の教室に行く時間になっていた。ぼくはたった今帰って来たばっかりだったので、早く行かなけりゃと思いながらもつかれているし……着がえたり休んだりして、それから英語に行った。

英語では、カードの遊びや英語のテープを聞いて、それを訳したりした。そうやっているうちに、もう帰る時間になったので、「グッドバイ」と言って帰った。しかし、ただこれだけのお遊びに、こんなに苦労したり、高い月シャをはらわなければいけないのか。ま、楽しいからいいが……。

7月6日（木）晴れ

学校から帰って、すぐに英語の時間になっていたので、ちょっと休んで、すぐ、教室まですっとんでいった。しかし、まだ前の組がやっていたので、一しょに入ってやっていた。やっとぼくの組になった。と言っても、ぼく一人だが……一人なだけに、外の暑さが、よけい暑くなる。学校でそうじの時間にとても暑くて、「高校、クーラー、ジュース!!」と言う言葉を思い出してしまった〔注・意味不明。高校ならば冷房やジュース販売機が完備されているに違いないという意か?〕。ぼくは、ひたいや鼻に汗つぶをためながら、英語の勉強をした。

なにしろ、タオルもハンカチもないのだから。早く帰りたい。外のすずしい空気に当たりたい……と思っていたが、出ると、外の方が暑かった。これから外出には、タオルかハンカチを持って行くべきだ。

（一九七八年）

これは、じつはもう四〇年も前の、私の日記です。古いものを取っておくたちで、おかげで、おぼろげになった子どものころの記憶を確認することができます。

改めて読み返すと、恥ずかしいですね。こんなひねくれた小学生だったとは。〈ただこれだけのお遊びに、こんなに苦労したり、高い月シャをはらわなければいけないのか〉などと生徒に思われたのでは、英語教室の先生もがっくり来るでしょう。遅まきながら、反省しています。

日記というものは、基本的に、その日にあった出来事がそのまま書いてあります。ここに引用した私の日記も、英語の教室に行ったという出来事を記したものです。

六月の日記では、教室に行ってカード遊びやテープの翻訳をしたことが書いてあります。七月の日記では、暑いなかで英語の勉強をして、外に出たらもっと暑かったことが書いてあります。この部分が出来事です。

また、日記では、それに感想を加えることがあります。六月の日記では、「遊びのような内容に、苦労したり、高い月謝を払ったりするのは、ばかばかしい」とでも言いたげなことが書いてあります。「そんなことは、自分で稼いでから言いなさい」と諭したくなります。また、七月の日記では、「これから外出にはタオルかハンカチを持っていくべきだ」と、反省というか、自戒のことばが添えてあります。これらは、出来事を記したものではなく、私が頭の中で思ったり考えたりしたことです。この部分が感想です。

日記文というのは、このように、主として出来事を書いて、場合によって、それに対す

日記文の要素

る感想を加えた文章のことです。

日記文の構造を図にまとめると、前ページのようになります。三四ページの「クイズ文」の要素と比較してください。

ここでは「出来事」のことを「事実」と記してあります。このことはあとで説明します。

また、「事実」と「感想」の記される順番は、固定したものではありません。場合によって、「感想→事実→感想」「事実→感想→事実」などとなる場合もあります。ただ、感想は事実から導かれるものですから、「事実→感想」の順に並んでいるのが、最も自然な形だと考えられます。

報道記事も小説も日記文

この図を見ながら、私たちがよく目にする文章を思い浮かべてみると、その多くは日記文に分類されるものです。

たとえば、新聞の報道記事は日記文です。「○○大臣、何億円申告漏れ」「××社、値上げを決定」「△△事件容疑者、ついに逮捕」などという報道記事は、いずれも出来事を読者に伝えています。これらの出来事に対し、場合によっては、記者が感想をつけ加えることもあります。「この問題について、今後、批判が高まりそうだ」とか、「いっそうの原因解明が求められる」とかいう部分は、出来事ではなく、感想です。

小説も、日記文の一種です。小説は、本当のような、うそのような出来事を記した文章で、その出来事を通して、作者が伝えたいことを読者に暗示するものです。作者が顔を出して何か感想を言うということは少なく、感想の割合は限りなく小さくなります。

批評文は、クイズ文形式のものと、日記文形式のものとがあります。新聞で、現場の記者が問題提起する論説などは、クイズ文に近い場合があります。一方、次のような批評文は、日記文のうちに入るでしょう。

巨匠・膳部驒作監督の最新作「正チャンの冒険」を見た。主人公正チャンが、リスとともに宝探しに出かけ、多くの人々に助けられながら旅を続けるというストーリー。

冒険映画にしては起伏がなく、はっきり言って退屈だった。バスに乗っているシーンでは、正チャンとリスの雑談が延々二〇分にわたって続く。正直、金返せと言いたい。読者には絶対見るなと警告しておこう。

まあ、こんな映画はないでしょうが、こうした文章の形式は、雑誌などでよく目にします。これは、映画のストーリー（出来事）を紹介した上で、「退屈」「金返せ」「絶対見るな」など、筆者の感想を加えたものです。したがって、これも日記文です。

じつは、LESSON 1で見た「ミヤコワスレ」や、マルセル・マルソーを扱った「天声人語」も、この日記文の形式で書かれたものです。どちらも、ある事実を述べて、それについて、適宜自分の感想をつけ加えたものです。くどいようですが、新聞一面のコラムが小論文などの勉強の材料にならないことが、改めて確認されます。

こう見てくると、朝は新聞のニュースやコラムを読み、昼は雑誌の小説や映画批評を読み、夜は日記を書くという生活をしていれば、毎日読み書きする文章の大部分は日記文ということになります。クイズ文について、なじみがなく、ぴんと来ないのも当たり前です。

「事実・感想」を定義すると

日記文の骨組みについて、もう少しきちんと述べておきます。

先に示した図（六三ページ）では、日記文は「事実・感想」からなると記しておきました。この二つの要素について、はっきり定義しておく必要があります。なんだか細かすぎる話のようですが、こういうところがあやふやだと、後にクイズ文を書いていくとき、わけが分からなくなります。しばらくおつき合いください。

「事実」とは

小学生が英語の教室に行ったことや、新聞の報道記事や、小説のストーリーや、映画のあらすじなどは、「出来事」だと説明しました。この「出来事」は、広くいえば「事実」というものの中に含まれます。

新聞記事には誤報もありますが、誤報も「事実」です。「火事の原因は放火」と大々的に伝えておいて、じつはそうでなかった場合、放火は事実でないと考えるのがふつうの感覚です。でも、誤報も「誤った事実」であり、事実の一種です（裁判でも、「誤った事実」も含めて「事実」と見なします）。また、小説の中の出来事は絵そらごとであって、事実ではないと思われるかもしれませんが、小説という枠の中では事実として語られるので、やは

「事実」を分けてみると

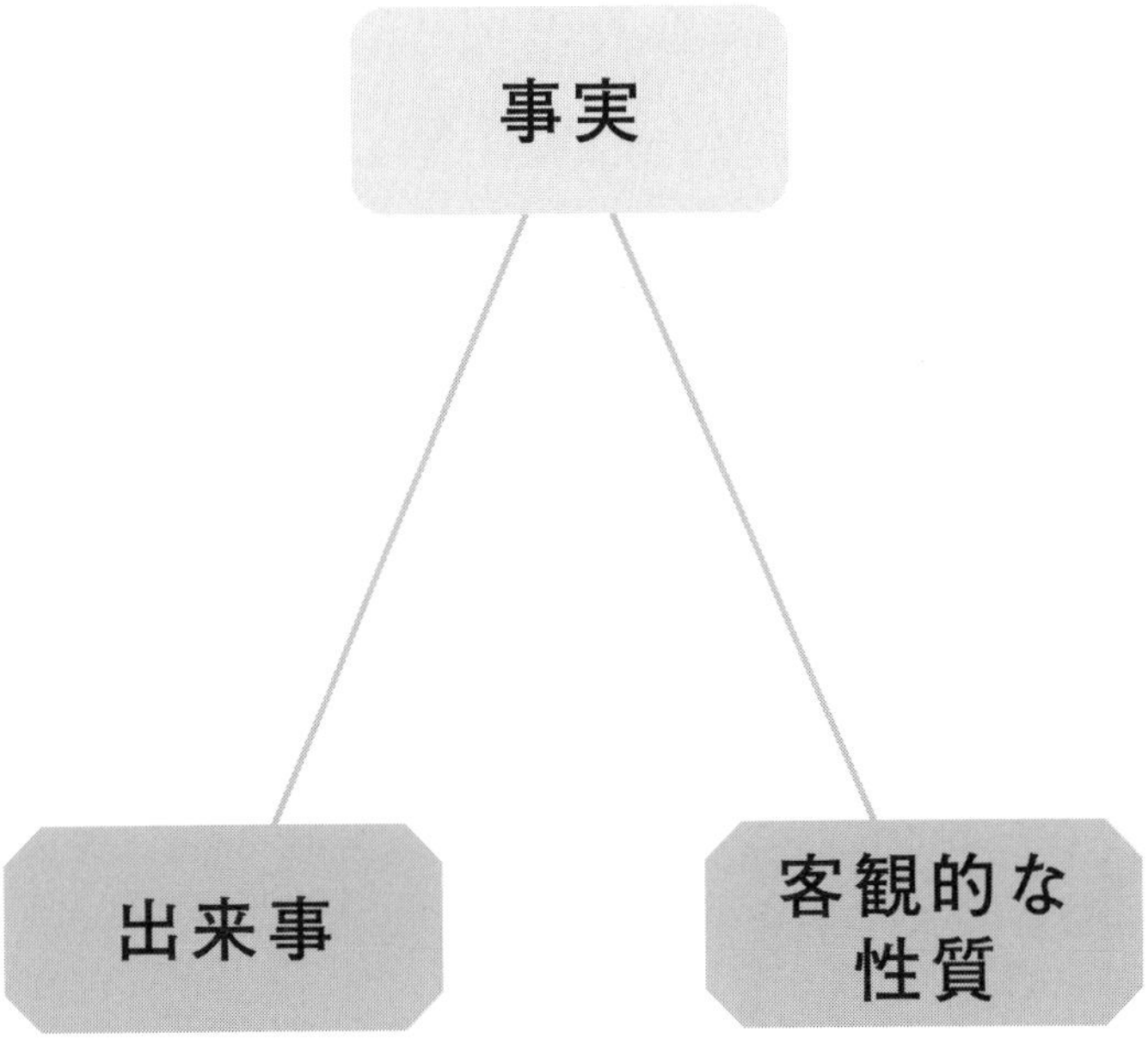

り事実の一種です。

さらに、「事実」には、出来事でないものも含まれます。「(今)コップが割れた」というのは目の前の出来事ですが、「割れたコップ」というのは出来事ではなく、コップの客観的な性質についての説明です。でも、ふつう、私たちは、どちらの場合も区別せずに事実と言っています。そこで、「事実」というのは、「出来事」と「客観的な性質」とを含む概念というふうに定義しておきます。

「感想」とは

一方、「感想」は、「主観的な性質」を含みます。たとえば、「ぼくの彼女はかわいい」という文は感想です。これは彼女の性質を述べたものですが、人によっては、「なんだ、ちっともかわいくないじゃないか」と悪口を言うかもしれません。「かわいい」と決めるための基準があいまいであり、論争して決着をつけることができません。「あなたはかわいくないと思えばいい。私はかわいいと思う」としか言いようがありません。このような性質は、主観的な性質です（五四ページのブロッコリーの例を思い出してください）。

「うれしい」「悲しい」「くやしい」「はずかしい」などの感情も、主観的な性質に含めて考えます。

誤解されやすいのですが、「私の家は広い」というのも感想です。「広い」は客観的な性質ではないかと思われそうですが、「何十平方メートル以上を広いと見なす」などという基準はありません。したがって、主観的性質ということになります。

ただし、「私の家はあなたの家より広い」という文になると、これは事実です。面積を引き算することによって、数字を客観的に示すことができるからです。数値にして比べられるものは、客観的性質であり、事実です。

また、感想は、文末の言い方によっても表されます。「〜だろう」「〜はずだ」「〜にちがいない」など推測・予想を表す語句、「〜しよう」「〜たい」「〜てほしい」など意志・希望を表す語句、「〜べきだ」「〜なければならない」など、当然を表す語句などが文末についた場合は感想です。

このうち、「〜てほしい」「〜べきだ」「〜なければならない」は、ただ感想を述べるときだけでなく、「彼を無罪にすべきだ」のように、人に要求するときにも使われます。要求を通すためには、きちんとした理由が必要なので、これらの言い方を使う文章は、日記文よ

「感想」を分けてみると

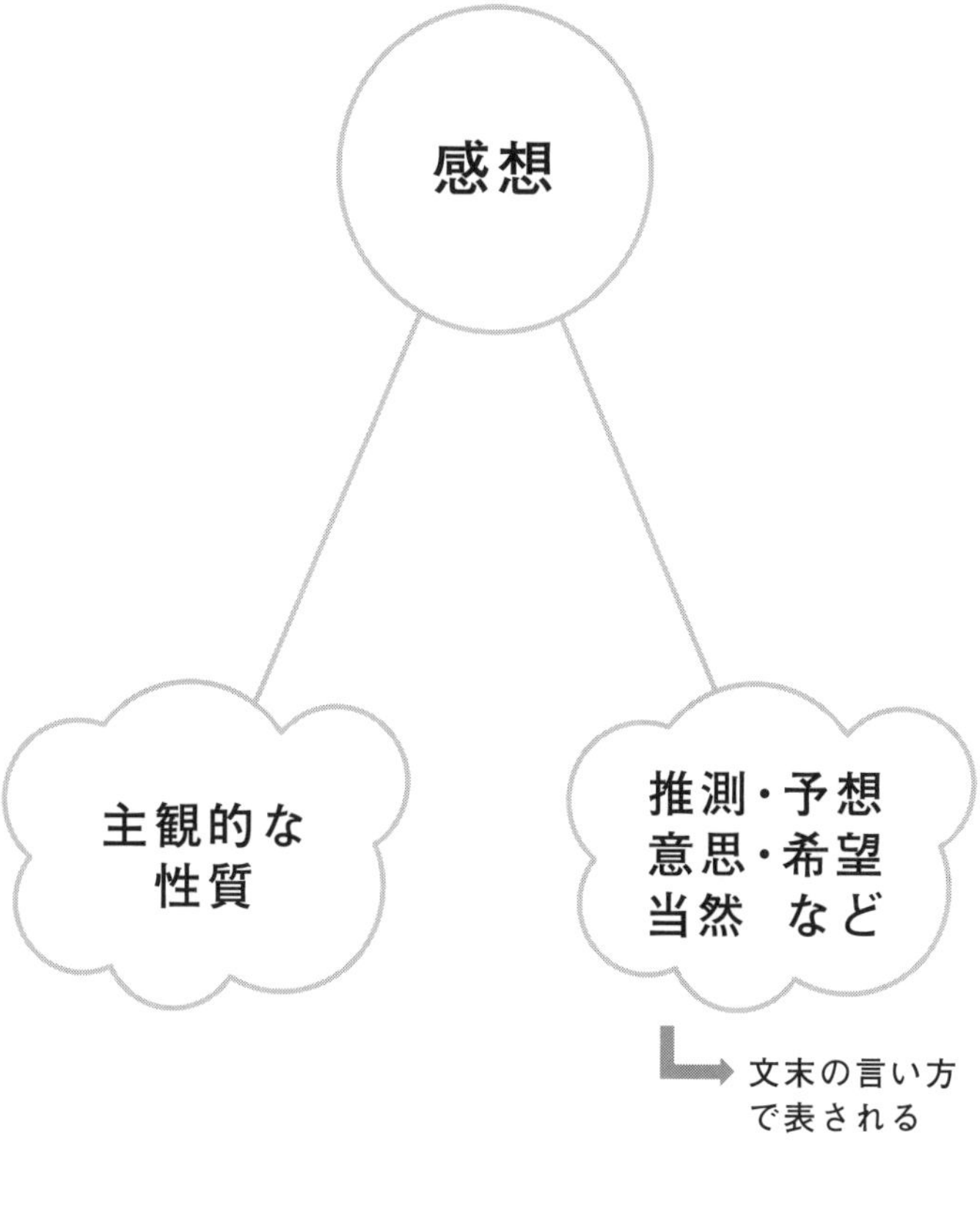

りもクイズ文の形が適当な場合が多くあります。

歌詞や和歌、俳句も日記文

このように決めておくと、たとえば次のような唱歌も日記文ということになります。

サイタサイタ／チューリップ ノ／ハナ ガ
ナランダ／ナランダ／アカ シロ キイロ
ドノ ハナ ミテ モ／キレイ ダ ナ
（近藤宮子作詞「チューリップ」）

一行目は、「咲いた咲いた、チューリップの花が」と、ごく単純な出来事について書いています。二行目も、「色とりどりの花が並んだ」という出来事を記しています。ここまでは事実を述べています。一方、三行目は、「どのチューリップもきれいだ」と、チューリップの性質を述べた文ですが、「ぼくの彼女はかわいい」と同じで、これは主観的性質です。つまり、感想を述べた文です。

「チューリップ」の歌詞は、事実を述べて、最後に感想を添えていますから、典型的な日記文です。だいたいにおいて、歌詞は日記文で書かれます。和歌も俳句も、ふつうは日記文です。

事実と感想を分けると、発見がある

日記文を読むとき、「事実・感想」という骨組みを踏まえて、「この部分は事実だな」「この部分は感想だな」と分けながら読んでいくと、思わぬ発見があります。
たとえば、次の日記文を見てください。

けちなD沢君

①D沢君はけちだ。②先日、ぼくの誕生日に本をくれた。③古そうな、うす汚い本だった。④「これはぼくの愛読書だよ」と言った。⑤実のところは、読むのに飽きたので、くれたのだろう。⑥プレゼントを買わないですますとは、まったくけちだ。

筆者は、ちょっと腹を立てて、D沢君を非難しているようです。これを読んだ人も、「そうか、D沢君はけちなんだな」と思うかもしれません。でも、早まってはいけません。一文ずつ検討してみると、必ずしも筆者の言うことに賛成する理由はありません。

①に出てくる「けち」ということばは、主観的性質です。「けち」と「けちでない」を分ける基準はありません。ある見方では「けち」でも、別の見方では「けち」でないこともあります。論争して一方に決めることができません。したがって、この部分は感想です。

②は、事実を述べているようです。もっとも、記憶違いということもあります。誕生日に本をくれたというのは誤りで、本当は誕生日の前日にくれたのかもしれません。もしそうであっても、これは事実です。先に（六七ページ）、「誤報も事実の一種」だと説明しました。警察が捜査したり、記者が調べたり、裁判を行ったりすれば、ある出来事や性質が誤っているかどうかは明らかになります。正しいかどうか確かめられる文は「事実」です。正しくないことが分かっても、それは「正しくない事実」です。

文章を読むとき、事実として書かれていることは、とりあえず正しいものとして読み進めていってかまいません。あとでつじつまが合わなくなれば、「これは誤った事実だ」と判断します。

③は、「古そう」「うす汚い」は否定的な性質を表したものです。でも、人によっては、「年代物」（これはよい語感）と肯定的にとらえる人もいるかもしれません。主観的性質を述べているので、感想です。

④は、人の発言です。よく、発言について「言った言わない」ともめることがありますが、録音でもしてあれば、誤っているかどうかは明らかなので、事実です。

⑤は、「くれたのだろう」と推測を語っています。「だろう」という文末は「あくまで私の見方です」という印なので、感想です。

⑥は、①と同じで「けち」の語が使われているので、感想です。つけ加えれば、前半の〈プレゼントを買わないですますとは〉の部分は、〈プレゼントを買わないですましたと想像されるので〉の意味であり、ここも感想です。

こうしてみると、この日記文で、事実を書いてあるのは、以下の部分だけです。

〈先日、〈D沢君が〉ぼくの誕生日に本をくれた。「これはぼくの愛読書だよ」と言った。〉

この部分を見れば、D沢君は、誕生日に愛読書をくれたのですから、べつにけちだとは思われません。事実と感想を分けることで、D沢君に対する誤解がとけました。

この話には、もとになるエピソードがあります。

私が小学生のころ、うちで誕生会を開きました。友だちが何人も集まりました。だれもが、自分の小遣いでプレゼントを買ってきてくれました。ところが、ある友だちは、彼自身の持っていた『鉄腕アトム』のまんがを、何冊もていねいに包んで持ってきてくれたのです。

「これ、お前の本か?」「そうや」「そら悪いで。もらうわけにはいかんわ」というわけで、私は受け取りませんでした。本心は、「こんなうす汚い本はいらない。プレゼントを買わないですますとは、けちなやつだ」と思っていました。

今考えると、彼はけちではありませんでした。彼も私も、手塚治虫のまんがの大ファンでした。彼は、大切な蔵書を私にくれたのです。けちどころか、心のこもったプレゼントでした。

日記文では、事実と感想とは、このように、ときにないまぜになっています。どこまでが筆者の感想かということに注意して読む必要があります。

日記文とクイズ文、どちらが上でもない

ここまで読んだ読者は、「クイズ文なるものは書いたことがないけれども、日記文はふだんからよく書いている」と思い当たったはずです。実際、私たちは日記文を繰り返し書いています。小学校一年生の時に「遠足」や「運動会」についての作文を書いてから、大人になってブログやPTAの会報の文章などを書くようになるまで、何十回、何百回となく日記文の練習をしています。

大学生に自由題で「思うことを書きなさい」と指示すると、だれもが一定水準以上の文章を書きます。これは、日記文がうまく書けているということです。おそらく、読者の多くも、「事実」と「感想」からなる日記文を書くことは得意だろうと思います。

一方のクイズ文は、未体験であり、なんだか形式もややこしくて、書きにくそうです。たしかに、書きやすくはありませんが、日記文が簡単で、クイズ文が非常にむずかしいというわけではないのです。

日記文とクイズ文の違いは、すでに述べたように「事実・感想」の形式をとるか、「問題・結論・理由」の形式をとるかによりますが、別の観点からまとめるならば、次のよ

うに言い表すこともできます。

日 記 文――主観（感想）を含み、言いたいことを複数盛りこんである。
クイズ文――主観を排し、一つの考えを確実に伝えようとする。

このように、両者は性格の異なる文章です。日記文の形式で小論文を書いたりすることは不適切ですが、目的に応じて使い分けるならば、どちらが上、ということはありません。
今までのところで、なんとなく、日記文のほうが低級で、クイズ文のほうが高級であるような印象を与えてしまったのではないかとおそれますが、そうではないと念を押しておきます。すぐれた日記文を書くことも、すぐれたクイズ文を書くことも、同じくらいの努力が必要です。ただ、私たちは、比較的、日記文に小さいころからなじんでおり、練習も積んでいるというだけのことです。
ある一つの材料を、料理のしかたによって、日記文にすることもできるし、クイズ文にすることもできます。たとえば、ある歴史的事実をもとにして、歴史小説（日記文の一種）を書くことも、歴史に関する学術論文（クイズ文の一種）を書くこともできます。どちらが高級というわけではありません。

ここで、二つの形式の違いを感じてもらうため、一つの材料を元にした日記文とクイズ文を示しましょう。材料というのは、「電車内の音漏れ」です。

日記文の形式で書くと

まず、日記文の形式で、ある事実を述べて、そこから生まれる感想をつづってみます。

〈A〉

満員電車に揺られていると、すぐ後ろで、ヘッドホンから漏れるシャカシャカいう音が聞こえてきた。迷惑に思って姿勢をずらす。ところが、ずらした先の方向でも別のシャカシャカ音が鳴っている。挟み撃ちにあっては助からない。降りる駅まで三〇分ほど、至近距離からの音漏れにサンドイッチされて苦しみもだえた。

こういう経験は一度や二度ではない。新しい携帯型オーディオが普及したせいで、聞きたくもない音楽を間近で聞かされる機会が急に増えだした。**（ここまで事実）**

「音を小さくしてください」とお願いしたいところだが、一人ならともかく、二人、三人に言ってまわることはできない。天災だと思って、黙って責め苦に耐えている。

少し前は、電車内で携帯電話を使う人が多かったが、最近はやや落ち着き、ほっとしていた。ところが、またもや新顔の登場だ。車内の不愉快の種は尽きないものらしい。**（ここまで感想）**

右のAの文章を大ざっぱにまとめると、「満員電車でヘッドホンの音漏れ被害にあうことが多い」という事実について、「責め苦」であり、「不愉快の種は尽きない」という感想を述べています。おおよそ前半と後半で事実・感想に分かれますが、両要素が入り組んでいる部分もあります。

この文章は、「音漏れをなくすにはどうすればいいか」などと論理的に述べようとするものではありません。それよりも、筆者の苦痛な気分を実感的に書くことに重点を置いています。読者が、「それはお気の毒に」「私も同じ気持ちだ」などと共感してくれれば、この文章は成功したと言えます。

クイズ文の形式で書くと

同じ材料を使って、今度は、「問題・結論・理由」を中心とするクイズ文をまとめてみます。

〔B〕

電車に乗って、ヘッドホンから漏れるシャカシャカという音に悩む人は多いだろう。ああいった音漏れを防ぐ責任は、だれが負うべきだろうか。**（問題）**

最も根本的に責任を負うべきなのは、ヘッドホンのメーカーだ。**（結論）**

なぜなら、電車内で音が漏れるのは、製品そのものの欠陥だからだ。ヘッドホンは屋外で使用される。屋外には電車内も含まれることを、メーカーは前提にしなければならない。公衆の迷惑になることが分かっている状態で、製品を売り出すべきではない。**（理由）**

持ち主の自覚や、鉄道会社の啓発活動に期待すべき部分は、確かに大きい。だが、マナー向上の呼びかけだけでは限界がある。一部に不心得者がどうしても出てしまう。**（反論への備え）**

「メーカーは、電車内で音漏れのしないヘッドホンを開発し、普及させる責任がある。これによって、迷惑のもとが絶たれることになる。**（結論の確認）**

このBの文章は、ヘッドホンの音漏れを迷惑に思う気持ちを描写することには重点を置いていません。それよりも、音漏れ問題を解決する方法について、考えを進めようとしています。文章の骨組みは次のとおりです。

「問題」音漏れを防ぐ責任は、だれが負うべきか。
「結論」メーカーだ。
「理由」なぜなら、音漏れは製品そのものの欠陥だから。

A・Bの文章は、「電車内の音漏れ」という同じ材料を使っていながら、このように感じは大きく変わっています。Bのほうが論文口調になっていますが、ことさらBを書くために何か追加して調べたわけではありません。Aは筆者の主観的な気持ちを中心に書き、Bは問題の解決を目指して、客観的に考えを伝えようとして書いているところが違います。

なお、Bは、必ずしも私自身の考え方と同じではありません。私は、鉄道会社などの啓発活動は相当の効果があると考えます。たとえば、電車内で携帯電話で話す人は減ったようですが（苦情件数が減ったというデータがあります）、これは、鉄道会社のPRのたまものです。ヘッドホンをシャカシャカ言わせる人も、啓発運動が高まれば、大幅に減る可能性があります。そこで、私もこの紙面で啓発活動を――電車内ではヘッドホンのボリュームをしぼりましょう。

練習2　新聞記事を日記文とクイズ文にしてみる

日記文とクイズ文の違いは、自分で実際に書き分けをしてみると、よく分かります。ここで、ひとつ練習をしてもらいましょう。

ある日、新聞を見ていたら、税金のむだ遣いの記事が載っていました。五千万円近くをどぶに放るようなことをしたというのですが――これより規模の大きな話がいくらでも報道されているのは悲しむべきことですが――これは日記文・クイズ文の書き分けの材料として適当だと思います。まず、原文を示します。

「美しい国」高い代償　関連会議会合2回だけ、経費4900万円

安倍晋三前首相の肝いりで設置された政府の「『美しい国づくり』企画会議」に約4900万円の国費が投じられたことが、政府が16日に閣議決定した答弁書で明らかになった。同会議は有識者12人を集めて4月に発足したが、2回会合を開いただけで、目立った成果もなく9月に解散した。

〔中略〕同会議を運営するために内閣官房が支出した経費の内訳は、職員9人の人件費約1600万円▽事務所費約3100万円▽通信・交通費約200万円。一方で実績は、日本特有の生活様式や気質を問うアンケートだけだった。答弁書は「わが国の良さを国民が再認識する機会を作った」と意義を強調したが、政権を投げ出した代償は高いものとなった。【坂口裕彦】

（『毎日新聞』二〇〇七年一〇月一七日）

教室で学生にこの記事を示すと、何が記事中で問題視されているのか、よく分からない人もいます。「政治にはお金がかかるという記事らしい」という程度に思っているふしもあ

ります。もちろん、これはそんな記事ではなく、政府が勝手な税金の使い方をして責任を果たしていないことを報じたものです。

では、練習です。この材料を日記文およびクイズ文にまとめてください。

書き方を説明します。まず、日記文。前半では、この新聞記事を要約して事実を述べます。後半では、自由に感想を述べます。

字数は、三〇〇〜三五〇字程度とします。

以下に解答例を示します。

〈日記文〉

『毎日新聞』(二〇〇七年一〇月一七日)によれば、安倍内閣の「『美しい国づくり』企画会議」が、二回会合を開いただけで解散したにもかかわらず、約四九〇〇万円の国費を使ったという。実績は、日本特有の生活様式や気質を問うアンケートだけだった。**(ここまで事実)**

あぜんとする。約五千万円といえば、ちょっとしたマンションが買えるほどの金額だ。アンケートをとるだけなら、学生アルバイトにでも任せれば、五万円でいい仕事をしてくれるだろう。けたが三つ違っている。これだけの税金を平然とむだにできる神経が分からない。

大臣も役人も、自分の金でないと思うから、こういうむだ遣いが起こるのに違いない。むだにした分だけ、担当省庁の予算を削る仕組みはできないものか。**（ここまで感想）**

次に、クイズ文。「問題・結論・理由」が必要です。その骨組みは次のとおりです。

問題は、「今増税することについて、国民の理解は得られるか」とします。

結論は、「得られない」とします。

理由の部分は「なぜなら……からだ」という形式で述べます。

さらに、右の新聞記事の内容を「たとえば」として示しながらまとめます。最後に、結論を確認します。

字数は同じです。解答例を示します。

〔クイズ文〕

医療・高齢者福祉などの財源を確保するため、増税すべきだという意見がある。今増税することについて、国民の理解は得られるだろうか。**（問題）**

たとえ増税が必要だとしても、今の状況では、理解を得ることはむずかしい。**（結論）**

なぜなら、税金の使い方に、なお多くのむだがあると考えられるからだ。**（理由）**

たとえば、安倍内閣の「『美しい国づくり』企画会議」は、二回会合を開いただけで解散したにもかかわらず、約四九〇〇万円の国費を使った。実績は、日本特有の生活様式や気質を問うアンケートだけだったという（『毎日新聞』二〇〇七年一〇月一七日）。**（理由を支える証拠）**

アンケート一つに約五千万円という金額をつぎ込んで疑わないのが、政府の感覚だ。すべてのむだ遣いが明らかになり、改善のための方策がとられない限り、増税への理解は深まらない。**（結論の確認）**

論理的に反論できるか、できないか

日記文とクイズ文の違いについては、以上で、およそ説明を尽くしました。

この本は、クイズ文について説明するのが目的であり、日記文は、クイズ文の特徴を明らかにするために言及したものです。いい日記文を書くためには、それなりの方法が必要ですが、本書ではそれをくわしく述べることができません。まして、芸術的な日記文を書く方法ということになると、私の守備範囲から外れます。そんなわけで、日記文についての説明は、このあたりでとどめることにします。

ただ、もう一点だけ、日記文とクイズ文の違いについて述べておきます。それは、読者の反応の違いです。

読者は、日記文に記された感想については、論理的に反論することができません。一方、クイズ文の結論については、論理的に反論することができます。もっと正確に言えば、主観を入れないように注意して書いてあるクイズ文ならば、論理的に反論できます。

日記文は反論できない

先ほどの「電車内の音漏れ」（七九ページ）を例に取りましょう。日記文であるAを読んだ読者は、「そうそう、音漏れは迷惑だ」と共感するかもしれません。あるいは、「ちょっと神経質すぎるのでは？　私はまったく気になりません」と言って共感しないかもしれません。もし、共感しない読者が「音漏れはべつに迷惑ではない」と意見を述べたとしても、それはその人の感じ方を言っただけで、筆者に反論したことにはなりません。筆者は、「あなたは迷惑でないかもしれないが、私は迷惑だと思う」と答えるだけのことです。いくら議論しても結論は出ません。

また、アイドルの○山○美のことを書いて、「彼女と結婚したい」と感想を記した日記文があったとします。読者は、「あなたが○山○美と結婚できるわけないでしょう」と意見を言うかもしれません。なるほど、その意見は現実的です。筆者も「はい、結婚できるわけはないですね」と認めるかもしれません。でも、「結婚できるわけはない」ということと、「結婚したい」という気持ちは別のものです。「結婚したい」という感想を反論によって否定することはできません。

クイズ文は反論ができる

「電車内の音漏れ」に戻りますが、クイズ文であるBを読んだ読者は、「そのとおり、音漏れを防ぐ責任はメーカーにある」と賛成するかもしれません。あるいは、「いや、やはりユーザーに一番の責任がある」と反対するかもしれません。

私はといえば、鉄道会社の啓発活動の効果が大きいと考えていることは、すでに述べました。もし、私がBの筆者に反論するなら、鉄道会社の種々の啓発活動の実績についてデータを示し、「企業の製造物責任を問うよりも、鉄道会社の啓発活動に協力するほうが、より現実的だ」と主張するでしょう。それに対しては、筆者からまた再反論があるかもしれません（もっとも、Bの筆者も私自身なのですが）。クイズ文は、このように、何度も反論ができる文章です。

反論ができるというと、文章に欠陥があるようですが、そうではありません。もちろん、幼稚な結論を出して、常識のある人々からこてんぱんに反論されるような文章はだめです。ただ、反論が出るのは、筆者の導き出した結論が、きちんと読者に伝わっているからです。ちょうど、学生からたくさん質問の出る授業がいい授業であるのと同じで、建設的な反論を誘うクイズ文はいいクイズ文です。

反論を呼び起こし、かつ論破する

ある程度の長さのあるクイズ文では、書くときに、あらかじめ読者の反論を十分に想定して書くことができます。

「このようなことを言うと、○○という反論が出るだろう。しかし、その反論についてはこう答える。また、××という反論も出るだろう。その反論についてはこう答える」

というように、先手を打って反論を破っていくものです。

こういった高度なクイズ文を読んでいると、読者のほうもスリルを感じます。読みながら浮かぶさまざまな反論が、文章を読み進めるうちにひとつひとつ消えて、すっきりします。よく考えて書かれたクイズ文は、最後には、読者の疑問をかなり小さくします。これを「説得力のある文章」と言います。

説得力のある文章とは、始めからしまいまでまったく読者に反論を思いつかせない文章ということではありません。むしろ、いくつもの反論を呼び起こします。そして、それを

日記文とクイズ文の違いは反論の可否

「日記文の感想」には反論できない

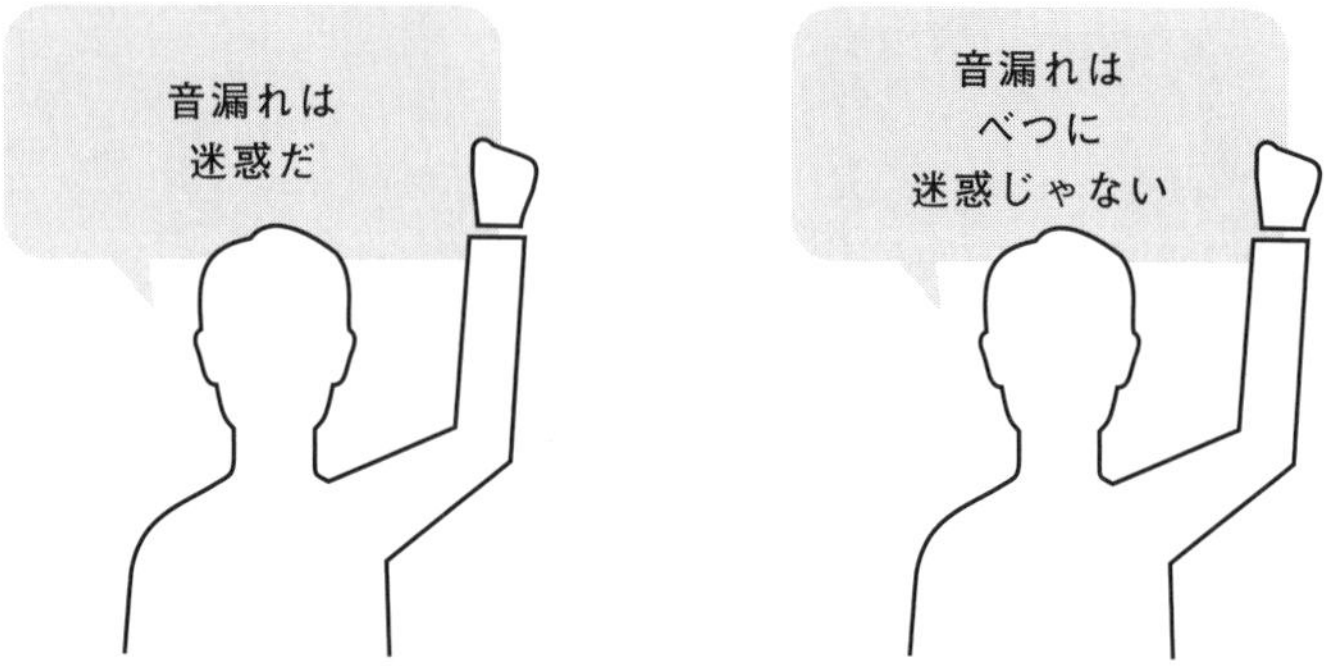

いくら議論しても決着はつかない。

「クイズ文の結論」には反論できる

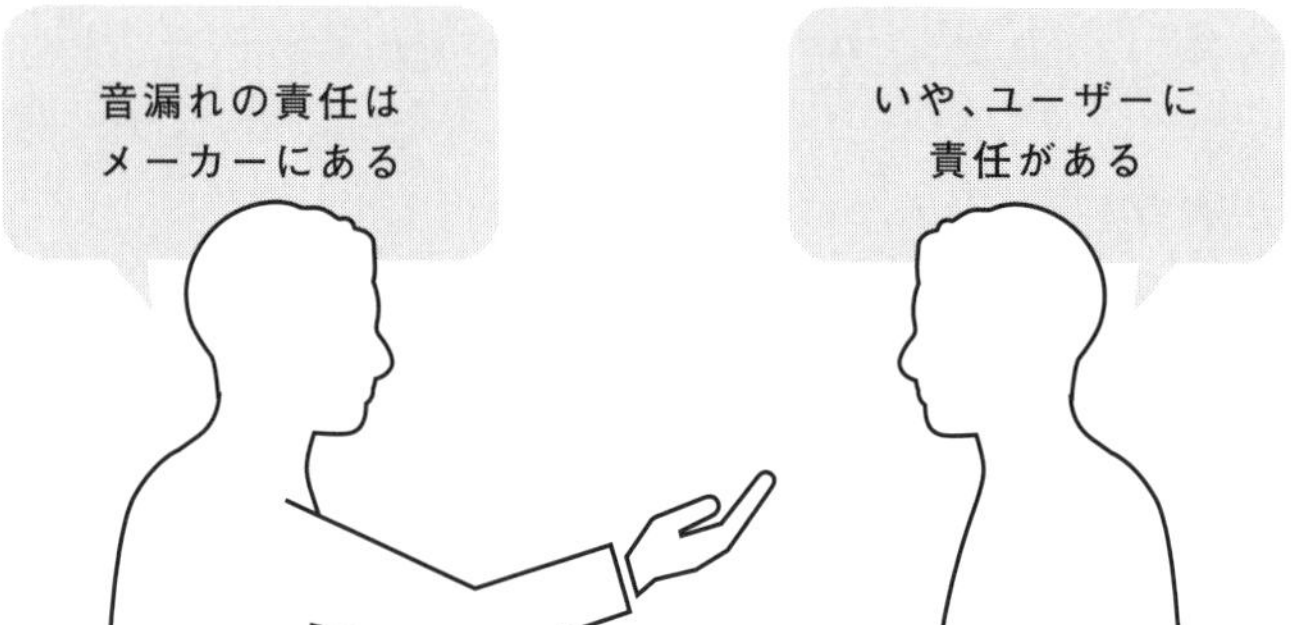

反論に反論が続いていつか結着がつく。

一つずつ論破していきます。クイズ文が反論のできる文章だということは、この場合にも当てはまります。

なお、クイズ文の形を取っていても、主観の混じった文章は、やはり反論ができません。「春の一日のうちで、一番すてきなのはいつごろ? あけぼのです。なぜなら……」という「枕草子」の文章は、クイズ文の形を取っていますが、反論しようのないものです。別の人が「夕暮れがいい」と主張しても、清少納言の意見を否定したことにはなりません。ですから、クイズ文は、「反論ができる文章」というよりは、「反論ができるように書くことのできる文章」と言ったほうが、いっそう適切です。

POINT

- ふだんよく目にするのは「日記文」。これは「事実」と「感想」からできている。
- 事実とは「出来事」および「客観的な性質」を含む概念。
- 感想とは「主観的な性質」および「~だろう」などの文末で表される概念。
- 日記文は、報道記事や小説、一部の評論、歌詞などに見られる。
- 説得力のあるクイズ文は、反論を呼び起こし、かつ論破する。

◌考えを確実に伝え、理解してもらうためには、「クイズ文」の形で書くといい。

◌クイズ文とは、「問題・結論・理由」の三要素でできている文のこと。

◌クイズ文の反対は「日記文」。日記文は「事実・感想」からできている。

◌日記文は読者によっていろいろに受け取られる余地がある。一つのことをどうしても伝えたいときは、クイズ文が適している。

◌クイズ文には反論ができるが、日記文には反論できない。そして、説得力のある文章とは読者の反論を呼び起こし、かつ論破する文章だ。

第２章

クイズ文の型を理解しよう

LESSON 1

クイズ文の四つの型

疑問文の形式で分類すると

クイズ文は「問題・結論・理由」の形式を備えた文であり、「問題」は「～か」という疑問文の形で書くことは、すでに述べました。

ところで、その問題の立て方によって、クイズ文を、もう少し細かい型に分類する必要が感じられます。

というのも、型の選択を誤ると、適切なクイズ文に仕上がらないことがあるからです。

たとえば、ある観光地に大規模マンションの建設計画が持ち上がったとします。あなたは、住民会議で、マンション建設反対の考えをクイズ文形式で発表しようとします。その際、次のような問題を立てることが考えられます。

A 当地にマンションを建設することは望ましいか。

B 当地にマンションを建設することを阻止するには、どうすればいいか。

Aは、「望ましいか、望ましくないか」を、イエスかノーかで問う問題です。Bは、マンション建設を阻止する具体的な方法を問う問題です。

マンション建設が計画されて間もないころなら、Aの型のクイズ文を書いて議論を呼び起こすことが適切かもしれません。でも、もうすぐ建設が実行に移されようとしている段階では、Aの型による議論はのどかすぎます。Bの型の議論が必要になるでしょう。

このように考えると、議論の性質に応じて、クイズ文の型をうまく選ばなければならないことが分かります。

その型というのは、要するに、問題にどのような疑問文が使われているかによって決まります。クイズ文を、疑問文の形式に従って分類すると、以下の四つの型に分かれます。

①Yes or No 型（ディベート型）
②How 型（課題解決型）
③Wh- 型（択一型）
④Why 型（理由探求型）

以下、それぞれの型についてくわしく見ていきます。

①Yes or No 型（ディベート型）

「はい（肯定）」か「いいえ（否定）」の形式の結論を求めるクイズ文です。ディベート（肯定側・否定側に分かれて討論を行う競技）で使うテーマが典型例です。たとえば、「レジ袋は有料化すべきかどうか」「電車の優先席は廃止すべきかどうか」といったテーマが、ディベートではよく取り上げられます。

この型のクイズ文は、結論が「はい」か「いいえ」かのどちらかに決まっているので、一番単純なものです。ディベートで使うというと、なんだかむずかしそうですが、じつは、最も基本的な論争形式です。結論が単純明快だからこそ、勝ち負けを決める競技にふさわしいのです。クイズ文の初心者にとっては、最も入って行きやすい型です。
なお、ディベートについては、本章の後半でじっくり述べます。

② How 型（課題解決型）

問題が「どうすれば？」「どのように？」といった言い方になるクイズ文です。未解決の課題を解決するための方法を論じるクイズ文です。

世の中は未解決の課題に満ちあふれています。もしかすると、このHow型は、最も必要とされている型かもしれません。「どうすれば、マンション建設を阻止できるか」「どうすれば、A社との交渉を有利に進められるか」「どうすれば、○○大学に合格できるか」などなど、この型の問題は次から次へと現れます。単純な「はい」「いいえ」ではなく、知恵をしぼった結論が求められます。

「どうすればやせられるか」という問題に対して、「それには、わが社の○○サプリメントが一番です。なぜなら、このように成功の声が続々集まっているからです」などと結論・理由を示している広告がよくあります。一見、論理的ですが、その理由が本当に信頼に足るものかどうかについては、気をつけなければなりません。

私の書いているこの本の趣旨は、次のようなHow型のクイズ文で表すことができます。

「自分の考えを文章にして確実に伝えるにはどうすればいいか。――『クイズ文』を書けばいい。なぜなら、クイズ文は、問題と結論がそれぞれ一つに決まっており、読者が文章から何を読み取ればいいか迷わないからだ」

読者に、このメッセージは伝わっているでしょうか。

③ Wh-型（択一型）

「何が（何を）？」「だれが（だれを）？」「どこが（どこを）？」「いつ？」「どっちが（どっちを）？」（What? Who? Where? When? Which?）などを問題にするクイズ文です。「何個か？」「何本か？」もこれに含めていいでしょう。「何個か？」は英語で言えば'How many...?'ですが、日本語では「何」を用いるからです。なお、「Wh-」で始まる疑問詞でも、「Why?（なぜ？）」を問題にするクイズ文は特殊なので、別に④として立てることにします。

Wh-型は、いくつか考えられる結論の中から、一つを選び取る（択一する）ものです。

たとえば、「次の総理大臣はだれがふさわしいか」「今度の旅行はどこへ行こうか」「今晩何を食べようか」「祝儀袋にいくら包もうか」などは、この型の問題です。

先に示した「電車内のヘッドホンの音漏れの責任はだれにあるか」（八一ページ）は、この Wh- 型のクイズ文です。

ディベートの試合でも、「A案がいいか、それともB案がいいか？」と二者択一を問題とするものがあります。これも、Wh- 型のクイズ文に含まれます。肯定側がA案を示したのに対抗して、否定側が、それとは相いれないB案を突きつけるものです。

たとえば、「インターネットなどで漢字を目にする機会が増えたので、新しい常用漢字を二〇〇字増やすべきである」と肯定側が主張した場合、否定側が「常用漢字の数は増やすべきでない。その代わり、書けなくても読めるだけでいい『理解漢字』を二〇〇字増やすのがよい」と対案を出すのがそれに当たります。すると、「新常用漢字」か、「理解漢字」かという二者択一の議論になります。

Wh- 型では、複数ある案のそれぞれの得失をよく考えなければならないので、議論としては複雑なものになります。もっとも、実際には、「次の総理大臣はだれがふさわしいか」などは、さしたる議論もなく決まっているようです。

④ Why 型（理由探求型）

これは、ちょっと特殊な型のクイズ文です。というのも、この型では、問題の形が「なぜ……なのか？」となり、結論の形が「なぜなら……だからだ」になるからです。結論で「なぜなら」、つまり理由を言うのですから、「結論イコール理由」という形式をとることになります。

この型は、「なぜ空は青いのか」「なぜ恐竜は滅んだのか」『いろはうた』はなぜ作られたのか」など、ものごとの原因・理由を学問的に探求するのに向いています。そのことを本格的に研究する覚悟がないかぎり、いきなりこの型を使ってクイズ文を書くのはむずかしいと思います。

以前、学生に自由題でクイズ文を書かせたところ、「なぜ、ハトは首を振って歩くのか」という問題を設定した人がいました。そういうハトの習性はたいへん興味深いのですが、首を振って歩く理由をその学生自身が解明したのではありません。何かの本で調べたことを、クイズ文の形にまとめたようでした。これでは、人の結論の紹介であって、自分で結論を出したとは言えません。Why 型の文章を書くためには、自分自身が調査または研究して結論に至る必要があります。

「なぜ宮崎駿アニメには観客が集まるのか」なら、特に調査・研究しなくても論じられると思われるかもしれません。でも、自分の印象以上のことを述べるのは簡単ではありません。「ストーリーが起伏に富んでいるから」「登場人物が身近で親しみやすいから」「なつかしい昔の日本が描かれているから」などの理由を挙げたとしても、そうかもしれないし、違うかもしれない、と言われるだけです。

また、「なぜわが社の収益は上がらないのか」は、問題設定のしかたが不適切です。収益が上がらない原因が分かっただけでは半分の解決にしかならないからです。この場合は、むしろ、How 型の「どうすれば収益が上がるか」の形で問いかけるといいでしょう。その過程で、おのずと「なぜ収益が上がらないのか」も考察することになります。

Why 型は、「なぜ」が分かれば、それ自体がすごい発見だというような問題にふさわしいものです。研究論文などでよく用いる型です。

以上、①～④の型を見てくると、私たちが身近な問題を設定して考えてみるときには、まずは Yes or No 型を試してみるのがよく、問題の性格によっては How 型で設定するのがよいと言えます。Wh- 型や Why 型は、議論が複雑に、また専門的になるため、本書ではくわしい説明を避けます。とはいえ、Yes or No 型や How 型の議論が身についた人であれば、Wh- 型や Why 型で論ずることにも困難はないでしょう。

練習3　文章から型を読み取ってみよう

クイズ文の四つの型の特徴を、箇条書き形式で説明しました。もっとも、これだけでは具体性にとぼしいきらいがあります。実際のクイズ文を読んで、そこに使われている型がぱっと読み取れるかどうか、練習してみましょう。

次の文章はクイズ文です。このうち、「問題・結論・理由」のそれぞれに当たるのはどの部分か、また、何型で書かれたクイズ文かを考えてもらいます。まずは、一度読んでください。

漢字書き取り　苦痛なくす法

①小学生にとって、漢字の書き取りは、計算練習と並んでやっかいなものに違いない。私

が小学生のころには、忘れものの罰として漢字一〇〇字の書き取りが課せられていたほどだ。漢字を書くことはまぎれもなく苦行だった。

②最近、あるお母さんから、「子どもが学校で漢字責めにあって苦しんでいる」と相談を受けた。小学校の先生が、一つの漢字につき五〇回ぐらい書き取りをさせるのだそうだ。これは明らかに行き過ぎだが、どこの学校でも行われうることだ。

③「ひたすら書いて覚えるだけが漢字の練習方法か」という点については、私は異論があるが、ここでは取り上げない。実際にたくさんの書き取りをする宿題が出されたものとして、それを苦痛なく行う方法はないだろうか。

④じつは、秘策がある。教科書の漢字一覧表ではなく、自分の気に入った、美しい手書き文字の手本を横に置いて練習するといい。

⑤というのも、教科書の活字は人が書いた文字ではないため、書き取りをしても味気ないが、自分が美しいと感じる手書き文字ならば、それをまねることに快感が伴うからだ。

⑥教科書を手本にして、活字そっくりに書けるようになっても、文字が上達したことにはならない。子どものやる気が起きないのは当然だ。文字を書くのが好きになる子どもは、活字ではなく、お習字教室などで美しい文字に接している。

⑦私自身、気まぐれに、書家の名品の載った本を買ってきて、文字を練習することがある。名人に近づくような気がして、楽しいものだ。人気歌手の歌い方やふりつけをまねるのと同じで、いくら練習しても苦痛を感じない。

⑧先のお母さんにもその話をした。あとでどうなったか聞いてみると、その子のおばあちゃんが字がうまいので、手本を書いてもらったという。子どもは、大好きなおばあちゃんの文字をまねるのがうれしくて、積極的に書き取りをするようになったそうだ。

この文章は、四〇〇字詰め原稿用紙にして、ぴったり二枚、約八〇〇字で書いてあります。あとで読者に書いてほしいと想定しているのも、だいたいこのくらいの長さの文章です。

それはともかく、右の文章から「問題・結論・理由」を抽出してみます。

まず、「問題」。これは、「〜か」で終わる問いかけの文です。クイズやなぞなぞの問題と同じで、この「〜か」の部分を示しただけで、読者が筆者と一緒に考えられるように書かれていなければいけません。

では、「〜か」を探しましょう。③の第一文に〈ひたすら書いて覚えるだけが漢字の練習方法か〉とあります。でも、これはすぐあとで〈ここでは取り上げない〉と断ってあるので、この文章の問題ではありません。正解は、③の第二文〈実際にたくさんの書き取りをする宿題が出されたものとして、それを苦痛なく行う方法はないだろうか〉です。

次に、「結論」。問題が〈……方法はないだろうか〉ですから、結論は「ある」か「ない」かで答えられそうです。とすると、これはYes or No型の文章のようです。それならば、正解は④の〈(じつは、)秘策がある〉の部分ではないかと思われそうです。

ところが、これだけでは不十分です。この文章の問題を改めて読むと、「書き取りを苦痛なく行う方法」を聞いているのですから、この文章は課題解決型、すなわちHow型です。したがって、結論はその方法を示さなければなりません。

正解は④〈(じつは、)秘策がある。教科書の漢字一覧表ではなく、自分の気に入った、美しい手書き文字の手本を横に置いて練習するといい〉の部分です。

最後に、「理由」。これは、「なぜなら……からだ」などの形で示すことがふつうです。右の文では、⑤〈というのも、……からだ〉の部分がそれにあたります。

以上をさらに縮めて、How型であることが分かるように「問題・結論・理由」をまとめると、次のようになります。


「問題」書き取りを苦痛なく行うにはどうすればいいか。

「結論」教科書の漢字ではなく、美しい手書き文字を手本に練習すればいい。

「理由」なぜなら、活字の書き取りは味気ないが、美しい文字をまねるのは快感が伴うからだ。


練習3の要点は、この文章がYes or No型ではなくHow型であることに気づくことにあります。まぎらわしい言い方をせずに、How型ならHow型らしく〈苦痛なく行うにはどうすればいいか〉と書けばいいところですが、文章の筆者がひねった言い方をすることだってあります。読者は、それを頭の中で単純な型に戻しながら読むことも必要です。

文章を読む途中で、「この漢字書き取り法をどう思いますか?」と学生に聞いてみると、

「いいと思う」「効果はあまりないと思う」と言う人が半々です。私（筆者）も、万人に効く解決法でないことは認めますが、一定の効果はたしかにあると考えます。

そのことを、理由に続く⑥⑦⑧の段落で証拠立てようとしています。これらの段落は、「理由を支える証拠」の段落です。「美しい文字をまねることが楽しいというのは、口からでまかせではありません」と証明する部分です。⑥には、常識的に考えて言いうることを述べています。⑦は筆者自身の体験です。⑧は、当の子どもにこの方法を試して成功したという結果の報告です。この⑧の部分は、一番強い説得力を持っているはずです。

「理由を支える証拠」については、第三章で「理由」の述べ方について触れる中で説明します（二二四ページ以下）。

練習4　表面上はクイズ文に見えない文章を明確なクイズ文にする

前節では、かなり典型に近いクイズ文を読んで、「問題・結論・理由」を取り出すことを試みました。この例に限らず、本書では、クイズ形式というものを理解してもらうために、できるだけ型にはまったクイズ文を示しています。

ただ、一般的には、型通りのクイズ文ばかり目にするわけではありません。むしろ、表面上は必ずしもクイズ文の体裁を取っていなくても、根本にはその要素を備えている文章が多くあります。そういう、「隠れクイズ文」とでも言うべき文章を見つけて、そこから「問題・結論・理由」を読み取ることができるようになれば、クイズ文的思考が身についてきたと言えます。

「隠れクイズ文」の例を示しましょう。ある日、近所の公園に行ったら、ハトにえさをやることを禁ずる注意書きが張ってありました。この文章には、クイズ文の要素が入っています。そのままでは語句が足りない部分がありますが、自分の言い方に直して「問題・結論・理由」をまとめることができます。

せっかくなので、この文章も練習に使いましょう。読者には次の作業をしてもらいます。まず、次の文章を簡潔なクイズ文の形式（四〇〇字程度）に直してください。その上で、「問題・結論・理由」を指摘してください。

①ハトにエサをあげないで!!

②ハトにエサをあげることは、ほほえましく、小さな生き物への思いやりがうかがえます。近寄ってくるハトにエサをあげたくなる気持ちは、よくわかります。

③しかし、人がハトにエサを与えることでハトは過剰な繁殖をくり返し、想像もできないほど増えてしまいます（2ヶ月毎の繁殖が可能）。その結果、住宅のベランダなどに沢山のハトが集まるようになり、環境の被害だけでなく、健康を害する場合もあります。

④被害を受けている場所では、建物や施設の管理者がやむを得ず専門会社にハトの駆除を依頼し、処分することがあります。その数は、全国で約10万羽が（東京都内では、毎年1000羽以上）駆除されています。

⑤野生鳥獣の本当の保護とは、人はむやみに野生鳥獣に近づかないことです。当然、エサを与えることも生態系を乱す原因となります。

⑥野生の生き物を本当に愛し、大切にするなら、エサを与えずに静かに見守ってください。

⑦ハトへのエサやりは、決してハトの保護にはなりません。むしろ、ハトにとって不幸な結果となります。

（東村山中央公園の張り紙による。二〇〇六年四月二九日採集）

解答例の一つは次のとおりです。なお、文体は「〜だ」調に直し、文字遣い・用語も一部改めました。原文のどの段落を元にしているかを、①〜⑦で示しました。〔　〕の中は、原文にない要素で、私がつけ加えたものです。

---

②ハトにえさをやることは、ほほえましく、小さな生き物への思いやりがうかがえる。〔それならば、〕近寄ってくるハトにえさを〔やってもよいか。〕**(問題)**

②気持ちは分かる〔が、〕①えさをやってはならない。**(結論)**

〔なぜなら、〕⑦ハトへのえさやりは、決してハトの保護にならない〔からだ〕。むしろ、ハトにとって不幸な結果となる。**(理由)**

③人がえさを与えることで、ハトは過剰な繁殖をくり返し、激増する。住宅のベランダなどに群がり、環境被害や健康被害を引き起こす場合がある。④〔そうなると、〕駆除・処分を行うこともある。全国で一年に約一〇万羽が駆除されている。**(理由を支える証拠)**

⑤人がむやみに野生鳥獣に近づき、えさを与えたりすると、生態系を乱す原因となる。⑥野生の生き物を愛護するなら、えさを与えずに見守る〔べきだ〕。**(結論の確認)**

なんだか、丸数字のやたらについた、読みにくい文になってしまいましたが、原文と対応させるためとご理解ください。解答例では、五つの段落の文になりました。順に、「問題↓結論↓理由↓理由を支える証拠↓結論の確認」という役割を果たしています。「問題・結論・理由」は、最初の三段落にあります。

このクイズ文は、「ハトにえさをやってもよいか」という問題に対して、「はい」か「いいえ」の結論を求めるものです。したがって、Yes or No型のクイズ文です。

あるいは、原文を別の形式のクイズ文にすることもできます。以下に、第二の解答例を示します。

---

③住宅のベランダなどにたくさんのハトが集まり、環境被害や健康被害を引き起こすことがある。〔こうしたハトの害を防ぐにはどうすればいいか。〕**（問題）**

⑥〔公園などのハトに〕えさをやらずに、静かに見守る〔のがいい〕。**（結論）**

〔なぜなら、〕③人がえさを与えることで、ハトは過剰な繁殖をくり返し、想像もできないほど増えてしまう〔からだ。〕**（理由）**

③ハトは二か月ごとの繁殖が可能であり、④建物や施設に被害を与える結果、駆除・処分される数は全国で約一〇万羽に上る。**（理由を支える証拠）**

②ハトにえさをやることは、ほほえましく、小さな生き物への思いやりがうかがえる。〔しかし、〕⑤えさやりは〔このように〕生態系を乱す原因となる。〔また、〕⑦ハトの保護にもならない。〔したがって、〕⑤人はむやみに野生鳥獣に近づくべきでない。**（理由と結論の確認）**

できあがったクイズ文は、「どうすれば」を問うHow型です。第一の解答例に比べて、原文にない要素を加えたり、文の順番を入れ替えたりする度合いが大きくなりました。ここまで書き換えてしまうと、原文の論理構成から大きく離れると言われてもしかたがありません。ただ、原文にある材料を使い、しかも「ハトにエサをあげないで‼」という原文のメッセージを結論にすえている点では、原文の趣旨を踏まえています。

要するに、この公園の張り紙は、Yes or No型のクイズ文にするのが最も簡単であり、また、かなり手を入れればHow型にもなると言っていいでしょう。私の好みとしては、このように課題の解決法を示す話題にはHow型を使いたいところですが、愛鳥家にやさしく呼びかけるためにはYes or No型のほうが効果的かもしれません。

POINT

▼クイズ文には四つの型がある。
①Yes or No型（ディベート型）……「はい（肯定）」か「いいえ（否定）」の形式の結論を求める型。結論が単純明快なので、一番書きやすい。
②How型（課題解決型）……問題が「どうすれば？」「どのように？」といった言い方になる型。未解決の課題を解決するための方法を論じる。
③Wh-型（択一型）……「何が（何を）？」「だれが（だれを）？」「どこが（どこを）？」「いつ？」「どっちが（どっちを）？」を問題にする型。いくつか考えられる結論の中から一つを選びとるもの。議論は複雑になる。
④Why型（理由探求型）……結論と理由が一致する型。ものごとの原因・理由を学問的に追究するのに向いている。
▼一番単純なのは①Yes or No型。これから試してみるのがいい。問題の性格によっては②How型（課題解決型）も論じやすい。

LESSON 2

ディベートはクイズ文を書くのに役立つ

ディベートの効用は絶大

私は、LESSON 1で、クイズ文の型のうち、Yes or No型（ディベート型）が一番単純で、初心者にとって入って行きやすいと述べました（九八ページ）。また、第一章の終わりでは、「説得力のある文章とは、反論を呼び起こし、それを論破していくものだ」ということを述べました（九一ページ）。Yes or No型で自由に論じられる能力も、想定される反論にうまく再反論できる能力も、どちらも、クイズ文を書く上できわめて必要性の高い能力です。

そういう能力を高めるための格好のトレーニングがあります。それは、ディベートを行うことです。

私が大学で行うクイズ文の授業では、受講者をグループに分け、授業の何回分かを使って、全員にディベートを体験させます。いきなりパソコンに向かってクイズ文を書くよりも、まず、相手のある試合を体験するほうが、Yes or No 型の論じ方や、反論への対処のしかたが、しっかりと身につくからです。

クイズ文は、自分の考えを確実に読者に伝えようとする文章形式であり、読者の反応を強く意識して書くものです。ところが、一人でパソコンに向かっていると、つい、読者の存在を忘れて、独りよがりな、説得力の弱い文章を書いてしまいます。ディベートの場で、対立する側の人と丁々発止のやり取りを経験すれば、文章を書くときにも、読者がどういう反応を返すか、または、どういう反論が起こりうるかを、いつも念頭に置くことになります。この点で、ディベートの効用は絶大です。

私は、以上のことを踏まえて、本書でも、かなりの紙数を費やしてディベートの方法を論じるつもりです。この章の最後まで、その話です。読者といっしょにディベートの試合を行うことはできませんが、その代わり、実際に行うディベートにかなり近いやりとりを文章で示し、読者にディベートを疑似体験してほしいと考えています。

とはいえ、読者の中には、「ディベート」と聞くと、「あれはどうも好きになれない」と、急に読む気が失せる向きもあるかもしれません。そこで、クイズ文を書くうえでのディベートの必要性について、あえてもう少し説明します。

ディベートを誤解していませんか？

現在では、国語の授業にもディベートが取り入れられ、ディベートの経験がある児童・生徒は増えています。ただ、効果を生むやり方で実践されているかどうかは疑問の余地があります。学校の先生や、一般の大人はどうかというと、ディベートをすると口先ばかり達者になってよくないと考える人もいるようです。

以前、書店で、ある声優さんの本を立ち読みしていたら、学校でディベートを行うことについての反対論が展開されていました。要旨はこうです。

――ディベートは相手を言い負かすことができれば勝ちというゲームだ。ものの本質を考えたり、正しさを問うたりすることにはならない。トマトを十文字に切るのがいいか、輪切りがいいか、自分の主張とは関係なく、割り振られた組で主張しなければならない。

トマトなんてどう切ろうが好きにすれば、というのが本当のところだろう——。

今、本書を書くにあたり、その本を取り寄せたので、要約はこれで間違いありません。私は著者個人を批判するつもりはなく、著者名は伏せておきます。このように考える人が多いのではないか、という実例を示したものです。

主観の入り込む議論はディベートに向かない

右の要約には、二つの意見が含まれています。「自分の主張と関係ないことを言うので、真実に迫らない」という意見と、「好きにすればいいことをわざわざ論じている」という意見です。

「トマトの切り方」は一つのたとえでしょうが、もし、これをディベートの問題（論題と言う）に選んだ教室があるとすれば、それは、たしかに好きにすればいいことを論じ、真実にも迫っていないと言うべきです。これまでの説明に即して言えば、「トマトはこう切るのがいい（美しい・おいしい・食べやすい）」という意見は、主観的な性質を述べた感想（六九ページ）です。その感想に対して論理的に反論するのは無理があります。一つに決まらないはずの感想をあえて一つに決めようとするのですから、正しい議論にはなりません。

小学校の国語教科書に、ディベートの例として、「友だちの誕生日にお祝いの気持ちを伝えるとき、手紙か電話か、どちらがいいか？」という論題が出ていました。これも、個人によって感想はいろいろであり、「手紙でも電話でもなく、直接伝えるのが一番」と思う人もいるはずです。それを一つに決めるのは、やはり正しくありません。

「手紙か電話か」のように主観の入り込む議論では、論者が本心をいつわらなければならない場合が出てきます。「電話グループ」に割り振られた人は、たとえ自分は手紙がいいと思っても、「手紙はよくない」と主張しなければなりません。このようなディベートは害があります。

ディベートは資料を集めて一つの結論を導く

一般的なディベートは、こういうものではありません。どっちでも好きにすればいいことは論題に選ばれません。また、論者の主観によって議論が進むこともありません。

たとえば、「〇〇大学は全教室の暖房を廃止すべきである。是か非か？」という論題があったとします。ディベートは、このように、ルールの決定を扱うものがほとんどです。ルールは全員が従うものですから、「暖房は廃止したい人はする、廃止したくない人はしない」というわけにはいきません。一つの結論を導く必要があります。

また、議論の中では、個人の主観的な感想を言っても有利になりません。「暖房を止めると、寒くて授業に集中できない人が多くなると思うので、反対です」のように「思ったこと」を主張しても、「それはあなたの感想です」とばっさりやられます。聴衆は、論者の個人的な感想が知りたいのではありません。論題が是か非かを考えるのに役立つ資料を、それぞれのチームがどれだけ示してくれるかを評価します。

そういうわけで、極端な話ですが、次のような主張をして勝利する場合もありえます。

「私は個人的には寒さに弱く、暖房廃止はとんでもないと思います。しかし、以上述べた二酸化炭素排出量の削減効果の試算から考えれば、私たちの大学は、全教室の暖房を廃止して、地球温暖化防止の先導役を果たすべきです」

かりに、論者が自分のチームの立場にどうしても賛成できなくて、いい加減な資料しか集めてこなかったとします。その場合、聴衆は「この人は自分をいつわらず、正直な人だ」とは考えず、むしろ、「予断にとらわれて、役に立つ判断材料が見つけられなかった」と考えるでしょう。

ディベートとは、どちらかに決めなければならない問題について、二チームで手分けをして資料を探し、その結果を比べるものと考えればいいでしょう。どっちのチームがより役立つ判断材料を探したか、その腕前が問われます。真実に迫らないどころか、真実を明らかにするために非常に有効な方法です。

ディベートの型はクイズ文の型

すでに述べたとおり、ディベートでの主張のしかたは、ちょうどクイズ文の形（Yes or No型）を取っています。しかも、ゲームを円滑に進めるため、論じる段取りがあらかじめ決まっています。この段取りを踏まえれば、少なくともYes or No型のクイズ文はうまく書けるようになります。そこで、ディベートがどういう段取りに従って進んでいるか、簡単に説明します。

最初の主張「立論」はクイズ文

ディベートでは、与えられた論題について、それを肯定する側、否定する側に分かれて論じ合います。初めに、それぞれの側が主張を述べ、次に、互いの主張に反論を加えます。最初の主張（立論と言う）の述べ方は、次のように、クイズ文そのままの形式になります。

「論題」○○は……すべきである。是か非か？

（例、○○大学は全教室の暖房を廃止すべきである。是か非か？）

「結論」是（または非）である。

「理由」なぜなら、次のようなメリット（デメリット）があるから。

ここで言う「論題」は、ディベートの用語に従ったままで、クイズ文の「問題」とまったく同じです。つまり、立論には「問題・結論・理由」の三要素が含まれています。

「論題」は、ディベートではあらかじめ与えられています。「○○は」の部分には、ふつう、「日本政府は」「○○大学は」など、ものごとを責任を持って実行する主体の名が入り

ディベートの型

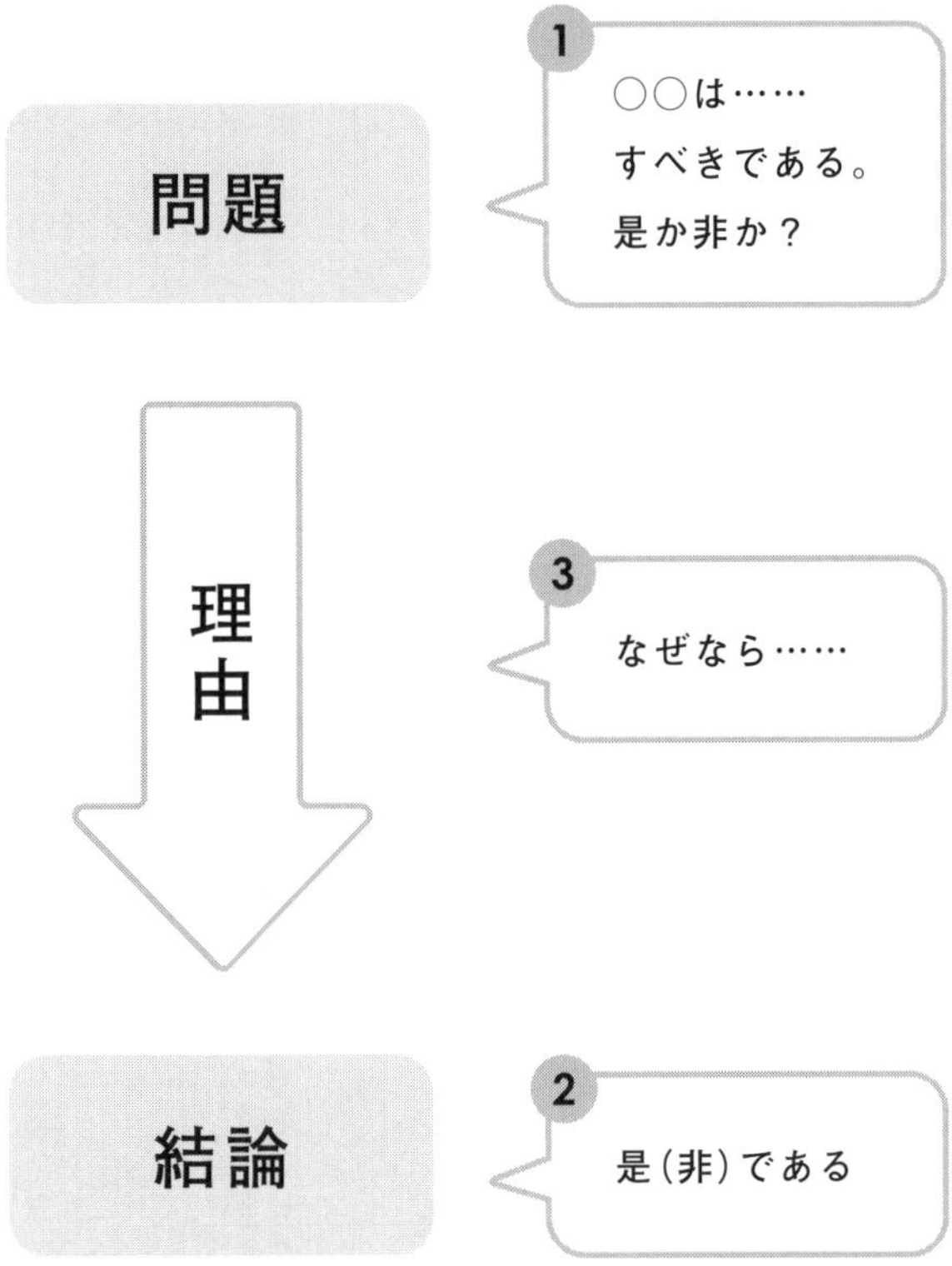

ます。末尾の言い方は「……すべきである。是か非か?」として、二つに一つの結論を求めていることを示します。

「結論」は、もちろん、肯定側は「是（賛成）」、否定側は「非（反対）」です。私の授業で行うディベートでは、「提案に賛成です」「提案に反対です」という表現を使います。

「理由」は、なぜ賛成または反対という結論になったか、その道筋を示すものです。肯定側は「次のようなメリット（いいこと）があるからだ」、否定側は「次のようなデメリット（困ること）があるからだ」が理由になります。理由の数は、ふつうは一つか二つです。あまり理由を並べると、議論がぼやけてしまいます。

さらに、ディベートでは、理由を支える証拠の資料を挙げます。この資料がどれだけ信用できるものであるかが、勝敗を決める最も大きな要素となります。

ここまでを、実際にディベートで述べる形にまとめてみると、こんな感じです。

「○○大学は全教室の暖房を廃止すべきである。是か非か?（論題）

「私たちは、提案に賛成です。（結論）

「なぜなら、これを実行に移すと、以下の二つのメリットがあるからです。

「第一点は、……。第二点は、……。**（ここまで理由）**

まず、第一点について説明します。……。その証拠となる資料を引用します。……。

次に、第二点について説明します。……。その証拠となる資料を引用します。……。**（ここまで、理由を支える証拠）**

以上で、この提案を実行に移すと、……という二つのメリットがあることが確かめられました。よって、私たちは、提案に賛成します。以上です。**（結論の確認）**

右は肯定側の例ですが、否定側も同じ形式で述べます。

この「立論」の段階では、なんだか肯定側も否定側も説得力があって、聴衆は、どっちの結論がより望ましいのか、判断に迷います。そこで、次に、お互いに相手チームの主張の穴を指摘します。これが「反論」（反駁《はんばく》とも言う）です。

ディベートの特徴は「反論」にある

反論をしあうことは、ディベートの特徴です。一般には、相手に言われたら、すぐこちらも言い返し、相手が降参するまで言いつのるのがディベートだという印象を持っている人もいるのではないかと思います。実際は、そうではありません。相手の立論に反論する機会が一回、また、相手側から出た反論に、さらに反論する機会が一回あるだけです。それぞれ、第一反論・第二反論と言います。この二回だけで、相手の論の弱いところを、きちんと指摘しなければなりません。

反論は、相手の出した理由が成り立たないことを明らかにします。たとえば、
「そのメリット（デメリット）はありません。まったく逆の結果を示している調査を紹介します」
などと、別の資料を挙げて反論します。自分の資料のほうが新しかったり、調査の規模が大きかったりして信頼性が高ければ、有利になります。信頼性という点で言えば、いつ、だれが行った調査か分からないなど、あいまいな部分がある資料は、反論に耐えません。

また、相手側が出した論拠をそのままちょうだいして、こちら側の論拠として使うこと

もできます。たとえば、全国の中学校で、塾の講師が課外授業を行うことを認めるべきかどうかが論題になったとします。否定側は、

「塾の講師は受験技術だけを教えて、本質的なことを教えないので、デメリットがある」と主張するかもしれません。その場合、肯定側は、待ってましたとばかりに、

「塾の講師が本質的なことを教えないかどうかは疑問ですが、受験技術を教えてくれることは、あなたがたも認めましたね。すると、その点についてはメリットですね」

と主張することができます。まさに、逆転の発想です。相手側の材料を使って、自分側を有利に導きます。


反論の述べ方をまとめると、以下のような感じです。「・」をつけた部分は、状況に応じて選びます。

否定側（肯定側）の挙げた……というデメリット（メリット）に対して反論します。

・このデメリット（メリット）はありません（大きくはありません）。なぜなら、……。

・このデメリットは避けることができます。なぜなら、……。（否定側に対して）

・これはむしろメリット（デメリット）です。なぜなら、……。（逆転の発想）
・これは論題に関係がありません。……。
・これは発表者の意見（感想）にすぎません。……。
・これは事実ではありません。反証を挙げます。……。

よって、この点について、否定側（肯定側）の主張は成立しません。

肯定側・否定側双方が、このような反論（第一反論）を行ったあと、「いや、その反論は当たりませんよ」と、双方がもう一度反論をします（第二反論）。これで、ディベートは終わりです。

ごく大まかにディベートの進行を説明しました。要するに、ディベートは

立論　↓　第一反論　↓　第二反論

の三つの部分からできています。その間に、作戦タイムや質問タイムなどがありますが、説明は省略します。討論が終わった後、聞いている人みなが「判定員」となって、どちら

の勝ちかを決めます。

私は、ディベートの解説書を書くのが目的ではありませんから、これよりくわしいことについては専門書に譲ります。玉石取り混ぜていろいろな本が出ていますが、松本茂『頭を鍛えるディベート入門』（講談社ブルーバックス）は入門書としておすすめです。

繰り返しますが、私がディベートを取り上げるのは、クイズ文の一つの典型だからで、また、反論をするための形式だからです。ただ、これまで述べただけでは、クイズ文を書くためにディベートをどう役立てればいいのか、まだよく分かってもらえないかもしれません。そこで、私が教室で行っているディベートの形式を参考に、議論を組み立てることにします。

POINT

▼ディベートは「Yes or No型」のクイズ文の一つ。ディベートを体験することは、クイズ文を書くためのトレーニングになる。

▼ディベートはよく誤解されているような「相手を言い負かすゲーム」ではない。「どちらかに決めなければならない問題について、二チームで手分けして資料を探し、その結果を比べるもの」と考えるべきだ。

▼ディベートは「立論・第一反論・第二反論」の三つの部分からできていて、「立論」はクイズ文と同じ形。

LESSON 3

ディベートを疑似体験しよう

ディベートを朗読するだけで文章力が身につく

ここからは、一つの論題を取り上げ、ちょうど実況中継をするように、ディベートの試合の様子を描写していくことにします。

「自分が参加しないディベートの様子を読んでもしかたがないのではないか」という声も上がりそうですが、大丈夫、効果があります。私は、ごく小人数の授業で、ディベートのグループが作れないようなとき、ディベートで行う発言を台本にして、学生に代わる代わる朗読させます。この「朗読ディベート」を行うだけでも、クイズ文形式の文章の進み方や、反論の要領が、けっこう身につきます。

本書の読者にも、私の進めていくディベートを声に出して読んでもらえれば、ありがたいと思います。

①立論

ディベートの論題は、「日本は、レストランを全面禁煙にすべきである。是か非か」とします。

ぱっと一目見て、「レストランの禁煙問題なんか、議論するまでもないでしょう」と言う人があるかもしれません。今や、公共の場での禁煙は多くの人が望ましいと考えています。じつは、かく言う私も、それを支持する一人です。こういった現状で、この論題でディベートをすれば、全面禁煙派がきわめて有利のように思われます。

ところが、話はそう簡単ではありません。たとえば、神奈川県では、レストランを含む公共施設の禁煙条例を制定する動きがありました。でも、反対が根強かったために、分煙（禁煙スペースと喫煙スペースを分ける）を基本とした案に後退してしまいました。まして、国レベルで法律を制定しようとすれば、激しい抵抗が起こるでしょう。

この問題について、どんな賛成・反対の主張がありうるかを整理しておくことは、むだでないどころか、大いに意義があります。その作業をディベートによって行います。

まずは、双方の立論を聞いてみましょう。なお、以下の議論では、読みやすさを考えて、ディベートの用語や言い回しをふつうの言い方に近づけた部分があります。引用した資料は、私が集めたものです。

〈肯定側立論〉

論題　日本は、レストランを全面禁煙にすべきである。是か非か？

結論　私たちは、提案に賛成です。

理由　なぜなら、これを実行に移すと、以下の二つのメリットがあるからです。
第一点は、「客の健康被害をなくす」ということです。**（肯定側理由①）**
第二点は、「従業員の健康被害をなくす」ということです。**（肯定側理由②）**

◇

まず、第一点「客の健康被害をなくす」について説明します。

多くの自治体で路上喫煙禁止条例が制定されたり、駅のホームなどの公共施設が

理由①を支える証拠

全面禁煙になったりして、たばこの煙の害から人々を守る気運が高まってきています。ところが、多くの人が集まるレストランでは、たばこの煙に対する対策が遅れています。

現状では、レストランからたばこの煙をなくすための強制力をもった法律はありません。日本は、WHOの「たばこ規制枠組条約」に批准したことを受けて、二〇〇二年に「健康増進法」という法律を制定しました。でも、これは努力義務を定めているにすぎないため、レストランでは、いまだに受動喫煙の防止のための動きが鈍いのが現実です。

産業医科大学の大和浩さんらが二〇〇三年から〇四年に行った調査の報告（厚生労働科研費による研究報告書、二〇〇五年度）によれば、全国一二〇〇店の中小飲食店では、〈全席禁煙が一・六%、完全分煙が一・一%〉しかなかったといいます。完全分煙とは、フロアを分けたりして、禁煙席と喫煙席を別々の空間にすることを言います。でも、中小飲食店の多くは、禁煙席と喫煙席が同じ空間にある不完全分煙で、煙が禁煙席にも流れ込んでしまいます。

法律によって全面禁煙を義務化すれば、現状は根本的に解決されます。店内から

「たばこの煙が一掃され、客の健康被害をなくすことにつながります。

◇

次に、第二点「従業員の健康被害をなくす」について説明します。

従業員は、注文を取ったり、料理を運んだりして、客のいる席にいつも出入りする必要があります。たとえ店内が禁煙席・喫煙席に完全に分かれていたとしても、従業員は喫煙席に入らないわけにはいきません。いつもたばこの煙にさらされる従業員は、健康が確実に悪化します。

理由②を支える証拠

「イギリスの研究によれば、レストランやパブの従業員は、受動喫煙により週に一人が死亡している計算になるということです（共同通信社「医療新世紀」ホームページ・二〇〇四年七月六日）。

また、アメリカの研究では、レストランやバーの従業員はNNKという発がん物質の濃度が急速に増大することが示されています（「HealthDay News」二〇〇七年六月二八日、「ヘルスデージャパン」ホームページの翻訳による）。

このような事実が分かっている以上、従業員をたばこの煙のある職場で働かせるわけにはいきません。全面禁煙を義務化すれば、安心・安全な職場環境が確保され、従業員の健康被害をなくすことができます。

◇

結論の確認
以上によって、レストランを全面禁煙にすると、「客の健康被害をなくす」「従業員の健康被害をなくす」という二つのメリットがあることが確かめられました。よって、私たちは、提案に賛成します。以上です。

〈否定側立論〉

論題
日本は、レストランを全面禁煙にすべきである。是か非か？

結論
私たちは、提案に反対です。

理由
なぜなら、これを実行に移すと、以下の二つのデメリットがあるからです。
第一点は、「店の売り上げが減少する」ということです。**（否定側理由①）**
第二点は、「店づくりの自由が失われる」ということです。**（否定側理由②）**

◇

まず、第一点「店の売り上げが減少する」について説明します。
日本人の喫煙率は下がってきているものの、まだ高い水準にあります。ＯＥＣＤ

の「Health at a Glance 2007」によれば、二〇〇五年の調査で、日本は喫煙率の高いほうから数えて、三〇か国中五位です。厚生労働省の「平成一八年 国民健康・栄養調査」でも、〈現在習慣的に喫煙している者の割合は、男女共に二〇～三〇歳代が高く、男性で約五割、女性で約二割〉に上るということです。このように、喫煙率がまだ高い日本でレストランが全面禁煙になれば、客の大幅な減少が予想されます。

このことを示す数字があります。飲食店の禁煙情報を発信する「禁煙スタイル」というホームページが二〇〇八年に行ったアンケートでは、〈禁煙営業に移行して売上げの変化はありましたか?〉という質問で、一七六店舗のうち「伸びた・やや伸びた」が二二%だったのに対して、「落ちた・やや落ちた」が三二%だったということです。

個別の例としては、「日経レストラン」ホームページ（二〇〇六年三月三〇日）にベックス・コーヒーショップ武蔵小杉店の場合が紹介されています。〈全面禁煙を実施したところ、客数が三〇%ダウンという打撃を受けた。これをほぼ半々の比率の分煙に変えたところ、二カ月後に客数は禁煙前の五%減まで回復した〉ということです。

このように、レストランの全面禁煙を義務化すると、売り上げが減少する店が多数出ることが考えられます。店で働く人にとっては、生活が危機に見舞われます。

◇

理由②を支える証拠

次に、第二点「店づくりの自由が失われる」について説明します。

店によって、客の種類、つまり、客層は異なります。女性しか入れない店や、スーツでなければ入れない店があるのと同じく、たばこが吸えることをセールス・ポイントにしている店も数多くあります。どんな店も、それぞれの客層を考えて、それにふさわしい店づくりをする自由があります。全面禁煙の義務化は、その自由を侵害します。

たばこを吸わない客ばかりの店ならば、全面禁煙が一番いい方法です。店自身がその方法を選ぶことについて、私たちは反対していません。

一方、喫煙者・非喫煙者の両方を客層とする店ならば、部屋を壁で仕切る完全分煙や、禁煙タイム導入などの方法が現実的です。これならば、禁煙席にほとんど粉《ふん》塵《じん》が入らず、全面禁煙にも劣らないほど効果があります。喫煙者・非喫煙者の両方が、心地よく過ごすことができます。

数字を示します。全飲連という飲食業界の団体が、「全飲連ニュース」四三号（二〇〇三年七月）の中で、都内の五〇店舗について調査報告をしています。それによれば、完全分煙の禁煙席では、粉塵の濃度が一㎥あたり〇・〇四mgで、全面禁煙の場合の〇・〇一mgに非常に近い値になっています。厚労省の法定基準値は〇・一五mgですから、きわめて低い値です。また、禁煙タイムの粉塵濃度も、〈顧客の数が多い時でも完全禁煙店と同じように低いことが観察された〉ということです。

このように、有効な対策がいくつかあるのですから、店は、客層に応じた最もふさわしい対策を選ぶことが望ましいと言えます。一律に全面禁煙を義務化することは、店ごとのさまざまな事情を無視していると言わざるをえません。

◇

結論の確認

以上によって、レストランを全面禁煙にすると、「店の売り上げが減少する」「店づくりの自由が失われる」という二つのデメリットがあることが確かめられました。よって、私たちは、提案に反対します。以上です。

ディベートとはいえ、硬い議論になってしまいましたが、大事なところなので、どうか順を追って読んでください。

ここでは、肯定側は客や従業員の健康面を考えて賛成、否定側は店側の経営面を考えて反対しています。どちらも、感情的な言い方を交えずに、資料に基づいて議論を行っています。どちらも正論であり、検討に値する主張のはずです。

理想的なディベートでは、根拠としている資料の確かさが勝敗を決めます。つまり、「なぜ私たちはこう結論するか」という主張の、「なぜなら」の部分がしっかりしているほうが勝ちます。「なぜなら」を補強するためには、一級の資料をかき集めなければなりません。口先だけのごまかしでは負けてしまいます。

したがって、ディベートに勝つためには、相手側の「なぜなら」を支える事実に誤りがあるとか、信頼性が十分でないとかいうことを指摘して、聴衆にそのことを分からせる必要があります。これが次の「反論」という段階です。

②反論

反論はディベートの華であり、ここでどういうふうに相手の議論を打ち砕くかが、発表者の腕の見せどころです。
ディベートの反論には第一反論と第二反論があります。それぞれを順に聞いてみましょう。なお、ここから先攻・後攻が入れ替わっています。

〈否定側第一反論〉

前置き

肯定側の立論に反論します。

肯定側理由①への反論

まず、第一点「客の健康被害をなくす」について。このメリットは、全面禁煙だけがもたらすものではありません。

もし、全面禁煙だけが客の健康を守る方法であれば、これを法律で義務化することは意味があります。でも、立論で述べたことの繰り返しになりますが、客の健康は、全面禁煙のほか、完全分煙・禁煙タイムの導入などによっても十分に守ることができます。そのことは、すでに数字を示して説明しました。

したがって、「客の健康被害をなくす」ということが目的ならば、全面禁煙を義務化する必要はないことになります。

次に、第二点「従業員の健康被害をなくす」について。このメリットも、やはり、

肯定側理由②への反論

全面禁煙だけがもたらすものではありません。

肯定側は、たとえ完全分煙などの処置をとっても、従業員は必ず喫煙席に入らなければならないかのような主張をしました。でも、それは、飲食店の営業形態、つまり、店づくりにもいろいろあることを見落とした主張です。

分煙を採用した店では、従業員が喫煙室に入らなくてもいいようにすることができます。たとえば、現在でも、一部のカフェはセルフサービス形式をとっており、客は受付でお金を払ってコーヒーやパンを受け取ります。この方式ならば、従業員が注文取りや皿運びのために喫煙室に入る必要がありません。もちろん、掃除をするために入室する必要はありますが、その時間だけ禁煙タイムにする方法もあります。

したがって、「従業員の健康被害をなくす」という目的でも、全面禁煙が唯一の方法だということはできません。

まとめ

肯定側の主張は、メリットを生むためには一つの方法しかないと結論しました。でも、私たちの反論により、ほかの有効な選択肢が明らかになりました。このような方法で、すでに完全分煙に成功している店に対して、改めて法律で全面禁煙を強制することは、無意味であるばかりでなく、店に損害を与えることにもなります。よって、レストランを全面禁煙にすべきであるという提案に対しては、やはり反対します。

〈**肯定側第一反論**〉

前置き

否定側の立論に反論します。

否定側理由①への反論

まず、第一点「店の売り上げが減少する」について。このデメリットはないと言えます。

なぜなら、売り上げは減少しないという確かなデータがあるからです。深川市立病院の松崎道幸さんが『日本禁煙学会雑誌』第三巻四号（二〇〇八年八月）に寄せた海外文献の紹介によれば、ニュージーランドで禁煙法が施行された前後のレストランやバーの売上高に変化は見られず、上昇傾向が続いています。また、アメリカのいくつかの州について、禁煙条例が施行された前後のホテルの収入を見ると、施行後にむしろ上昇傾向が強まっているのが分かります。したがって、「店の売り上げが減少する」というデメリットの主張に説得力はありません。

次に、第二点「店づくりの自由が失われる」について。このデメリットは無視できます。

なぜなら、日本国憲法第一二条が定めるとおり、自由権は〈常に公共の福祉のためにこれを利用する〉べきであり、たばこの煙によって客や従業員に健康被害を与えるような選択の自由は、店にはないからです。

たしかに、否定側の立論のとおり、完全分煙ならば、たばこを吸わない客の健康は守れるかもしれません。でも、完全分煙には費用がかかります。たとえば、コクヨのホームページ（二〇〇三年）によれば、六〇㎡（約二〇坪）のオフィスに禁煙席と喫煙席の間仕切りや換気扇などを設置するだけで二一〇万円が必要です。結局、多くの店は、単に座席を分けただけの不完全分煙ですませてしまうと考えられます。

また、禁煙タイムの導入が効果的であることも認めますが、禁煙タイムでない時間帯は、あいかわらず、喫煙席から流れる煙を禁煙席の人が吸うことになりますから、根本的な解決にはなりません。

店づくりを店の自由に任せていては、多くの店が有効な煙対策をとることは期待できません。

否定側理由②への反論

したがって、「店づくりの自由が失われる」という主張にも説得力はありません。

まとめ

このように、否定側の主張するデメリットは同意しがたいものです。よって、レストランを全面禁煙にすべきであるという提案に対しては、やはり賛成します。

〈否定側第二反論〉

前置き

肯定側の第一反論に反論します。

否定側理由①の防御

まず、第一点「店の売り上げが減少する」について、肯定側は、海外の事例を挙げて、店の売り上げは減少しないことを示しました。これは、データの読み方が誤っています。

肯定側の示したデータは、その国や州の飲食店やホテル全体の売り上げがどう変わったかを示すもので、個別の店についてのデータではありません。全体の売り上げが上がったとしても、個別には減ったところが出ます。そのことについては、立論で資料を示しました。日本の飲食店で、禁煙営業にして売り上げが伸びた店が二二%、落ちた店が三二%でした。こういう細かい事情は、全体の平均では分かりません。

レストランの全面禁煙を実行して、全国で三〇％程度の店の売り上げが減少した場合、政府がその膨大な金額を補償することは不可能です。個人経営の飲食店の場合、ただ一つの法律が死活問題になります。今回の提案は、それぞれの店の実情についてのくわしい分析がきわめて不足しています。

否定側理由②の防御

次に、第二点「店づくりの自由が失われる」について、肯定側は、このデメリットは無視できると言いました。店の自由に任せていては、多くの店は有効な対策をとらないからということです。でも、有効な対策をとらない店があるからといって、すでにきちんと対策をとっている店までを規制対象にするのは行きすぎです。

たとえば、完全分煙は費用がかかりますが、それだけの投資が十分にできる店もあります。すでに完全分煙にしてあって、客も従業員も快適に過ごせるようになっている店が、全面禁煙の義務によって、たばこを吸う客を失うことになるのは不条理です。

禁煙タイムはもっと導入が簡単です。空間的に分煙ができない店が、その代わりに時間的に分煙を達成するものです。肯定側が根本的解決にならないと言うのは正しくありません。

現在、煙対策をとっていない店は、たばこを吸う人が主な客層であるなど、全面禁煙がむずかしい店が多いと考えられます。全面禁煙以外の選択肢があれば、そういう店でも対策がとりやすくなります。

まとめ

私たちは、たばこの煙が健康に害があることについては、まったく異論を唱えていません。でも、だからといって、それぞれの店の事情を考えず、また、売り上げ減少のおそれを無視して、すべての店を法律でしばることは不適切だと考えます。

政府は、人々の健康被害を防止する責任があるのと同様に、飲食店で働く人々の生活を守る責任もあります。どちらも両立させるためには、店内の全面禁煙・完全分煙など複数の方法をあわせて指導していくべきです。全面禁煙を法律で定めることには反対します。以上です。

〈肯定側第二反論〉

前置き

否定側の第一反論に反論します。

まず、第一点「客の健康被害をなくす」について、否定側は、完全分煙や禁煙タイムの導入などの方法で達成できると主張しました。でも、徹底した分煙対策をとることができるのは、あくまで一部の店です。

肯定側第一反論で指摘したように、完全分煙には何百万円単位の投資が必要です。全国の飲食店の事業者すべてが、その費用を負担できるとは考えられません。現状でも、完全分煙の店舗の割合がきわめて低いことは、立論で述べたとおりです。

また、禁煙タイムの評価については、否定側と私たちとで異なっていますが、禁煙タイム以外の時間に訪れた客にとっては、煙対策をしていないのと同じだと繰り返しておきます。

肯定側理由①の防御

肯定側理由②の防御

次に、第二点「従業員の健康被害をなくす」について、否定側は、セルフサービスなどの導入で解決できると主張しました。でも、これは現実的ではありません。セルフサービスが可能な店は、カフェやファストフード店、学生食堂などごく一部に限られます。このような営業形態は、比較的簡単な料理を出す店で実現できるものであって、時間のかかる料理を出す一般のレストランでは考えられません。つまり、大部分の店では、従業員が注文取りや皿運びのために喫煙室に入らざるをえないのですから、法律によって従業員の健康を守る必要があります。

このように考えてくると、否定側の主張は、一部の飲食店には有効ですが、多くの飲食店には当てはまりにくいものです。客や従業員の健康被害をなくすために最も効果的で、かつ現実的なのは、全面禁煙の方法をとることです。

まとめ

私たちは、それぞれの店にきびしい事情があることを認めます。明日にもすぐにレストラン全面禁煙の法律を実施するとなれば、混乱が起こるでしょう。でも、法律には周知期間があります。二年程度の周知期間を設け、法律の施行までに広報を徹底すれば、人々の理解は深まると考えられます。

これまでの私たちの主張は、人々の健康が守られることが何よりも大事だという考えに支えられています。健康であることがすべての活動の基本であることは、だれも否定しないでしょう。そのためにレストランを全面禁煙にするという法律は、必ず受け入れられると信じます。以上です。

これで、討論はすべて終わりです。多くの紙幅を費やしましたが、自分と反対の主張を想定しながら、十分な根拠を示して「なぜなら、こうだから」と徹底した議論をすると、これぐらいの分量になってしまいます。

実際のディベートでは、このあとに「判定」があります。討論を聞いた人が、どちらの勝ちかを決めるものです。

右のディベートは、私自身の集めた資料に基づいて討論を進めた、いわば一人ディベートです。それで、私自身には勝敗が判定しにくい面があります。書きながら、あえてどちらが優勢と思ったかというと、それは否定側です。喫煙客の多い小規模の食堂については、「こういう店が全面禁煙の義務を遵守するのはむずかしいのではないか。禁煙タイムなら実施できそうだけれど」という疑問が強まりました。肯定側の反論では、その疑問が十分に解消されませんでした。

ところが、右の内容を妻に読ませてみると、言下に「肯定側の勝ち」と言いました。なぜかと聞くと、「私自身が全面禁煙賛成派だから」だそうです。そう言われてしまっては、せっかくディベートをしたかいがありません。

妻によれば、「神奈川県とか、何県とかで、ばらばらに全面禁煙を実施すれば、客足がほかの地域に流れて、売り上げが減るかもしれない。でも、日本全国でいっせいに全面禁煙にすれば、うまくいくはずです」ということでした。なるほど。そうかもしれません。では、その根拠となる資料は？　と聞くと、「それはあなたが調べるべきでしょう」と返されました。

かくして、このディベートは妻の判定により「肯定側の勝ち」となったわけですが、本当は、この判定のしかたはよくありません。ディベートで触れられていないことを根拠にして、聞き手の主張によって判定が左右されてはいけません。公平な判定者は、自分の主張は横に置いて、どちらの側がより筋が通っていたかを判断します。

私は、右の討論では肯定側がやや不利だったと思いますが、それは、私の述べ方が不十分だったからです。これを書き終えてから、「車内禁煙を採用したタクシーが好評だ」という事実を思い出しました。この材料は、肯定側の論拠を大いに補強するはずで、討論の中で言及しておけばよかったと反省しています。

POINT

▼ディベートの発言を読むだけでも、クイズ文の要領がけっこう身につく。

▼ディベートは「なぜなら」の部分がしっかりしているほうが勝つ。そのために一級の資料を集める必要がある。

LESSON 4

ディベートから クイズ文をつくってみる

クイズ文に移し替えるのはむずかしくない

ディベートはクイズ文の一種です。したがって、右に見てきた討論も、そのままクイズ形式の文章に直すことができます。せっかくディベートの様子を追ってきたのですから、その大筋をクイズ文にまとめてみましょう。

右の議論の道筋が十分頭に入っていれば、それをクイズ文に移し替えて書くことは、もうむずかしくないはずです。

肯定側の立場のクイズ文

まず、右の肯定側の立場で文章をまとめると、こうです。

飲食店禁煙で健康被害防げ

たばこの煙から人々を守ろうとする機運が高まっている。レストランも全面禁煙にするよう法律で決めてはどうかという意見があるが、これは妥当な提案だろうか。**(問題)** きわめて妥当であり、支持したい。レストランは全面禁煙にすべきだ。**(結論)** なぜなら、全面禁煙は、客や従業員の健康被害をなくす一番の方法だからだ。**(理由)** 全面禁煙以外にも方法があると主張する人があるかもしれない。完全分煙や、禁煙タイム導入などの方法で、受動喫煙がかなり避けられるのは確かだ。また、セルフサービス制をとれば、従業員が煙の充満した喫煙室に入らなくてもすむ。**(想定される反論)**

しかしながら、完全分煙のためには何百万円の投資が必要だ。禁煙タイムを導入しても、それ以外の時間は受動喫煙が避けられない。また、ファストフードならともかく、手間のか

かる料理を出す一般の店にとって、セルフサービス制は現実的でない。**（反論への反論）**
このように考えると、すべての店にとって最も実現しやすい方法は、全面禁煙をおいてほかにない。一定の周知期間を置いて、人々の理解を十分に得ながら、レストランの全面禁煙化を実現することが望ましい。**（結論の確認）**

右の文章は、肯定側立論→否定側第一反論→肯定側第二反論をもとに組み立てたものです。つまり、主張があり、（仮想の相手からの）反論があり、さらにそれへの反論があるという形式です。

分量は、ほぼ、新聞投書欄の文章と同じくらいです。言い回しもそっけなく、ディベート特有の言い回しを残している部分もあります。「味わい深い名文」ではありません。でも、型に従っているため、論旨は至って明快です。短い分量なので、理由を支える資料も具体的には示してありませんし、想定されるほかの論点、たとえば「店の売り上げが減少する」などについての言及はありません。その分、先に示したディベートよりは粗い議論になっています。ただ、この分量のなかで、「想定される反論」を設定し、それを論破しているところに、この文章の長所があります。この長所は、ディベート形式で考えて書いたことで得られたものです。

否定側の立場のクイズ文

同じようにして、否定側の立場でクイズ文を書いてみると、次のようになります。

全面禁煙なら売り上げ減少

路上喫煙禁止など、たばこの煙を排除する動きが盛んだ。レストランも全面禁煙にするよう法律で決めてはどうかという意見があるが、これは妥当な提案だろうか。**(問題)**

問題のある提案で、支持しがたい。レストランは全面禁煙にすべきでない。**(結論)**

なぜなら、全面禁煙は、飲食店の売り上げを減少させるおそれがあるからだ。**(理由)**

売り上げの減少については心配ないという主張もある。海外ではすでに禁煙条例を施行した例が多い。その前後の時期で店の売り上げを比較すると、全体として傾向に変化はないか、むしろ売り上げ増になっているという報告がある。**(想定される反論)**

しかしながら、地域全体として売り上げの減少はなくても、個々の店については話が別だ。全面禁煙にした国内の店へのアンケートによれば、売り上げが伸びた店が約二割、落ちた店が約三割という結果もある。この数字は無視できない。**（反論への反論）**

受動喫煙の防止は必要だが、目的のために手段を選ばなくてよいわけではない。政府には、人々の健康維持とともに、労働者の生活を守る責任もある。店ごとの実情をふまえて、完全分煙・禁煙タイム導入など、多様な選択肢を用意しておくことが望ましい。**（結論の確認）**

今度は、否定側立論→肯定側第一反論→否定側第二反論をもとに組み立てました。ディベートの立論では、「店の売り上げが減少する」「店づくりの自由が失われる」の二つの論点がありましたが、前者を中心に述べたものです。

これで Yes or No 型の文章は書ける

ここで見たような、ディベートを踏まえたクイズ文の構造は、だいたい次のようにまとめられます。

ディベートを踏まえたクイズ文の書き方

1. ○○○という提案は妥当か。
2. 妥当だ（妥当でない）。
3. なぜなら△△△だからだ。
4. これに対しては×××という反論があるかもしれない。
5. だが、その反論は□□□という理由で当たらない。
6. したがって、○○○という提案は支持できる（支持できない）。

この述べ方を身につけていれば、クイズ文のうち、少なくともYes or No型（九八ページ）のクイズ文は書けるようになります。Yes or No型が書ければ、ほかのHow型・Wh-型なども、その応用で書くことができます。

ディベート形式は、考えを進展させる

私は、レストランの全面禁煙問題について、右に肯定側・否定側の両方の立場でクイズ形式の文章を書きました。二つは正反対の結論を出しています。いったい、このうち、どちらが私の本心でしょうか。

答えは、どちらも本心です。いずれも、自分を偽って書いたものではありません。両方の立場の資料を慎重に検討した結果、「この点は主張できる」と考えたことだけを書いたものです。

これだけなら、私は、ただの「肯定側なのか否定側なのか、立場のはっきりしない人間」ということになってしまいます。でも、私の考えは、この一人ディベートによって前進しています。双方の主張を検討しているうちに、次のような考えがまとまりました。

「レストラン全面禁煙より前に、まず、たばこを値上げして、喫煙人口を大幅に減らすことが先決だ」

現在のところ、国は積極的にたばこを売っています（直接に売るのはたばこ会社ですが）。その一方で、禁煙の必要を説いているのは、政策として矛盾しています。国民の健康を考えるならば、問題の根本であるたばこの販売量をなんとかすべきです。

厚労省研究班の調査（二〇〇六年）によれば、喫煙者の半分が禁煙する価格は、ニコチン依存度が高い層では一箱七〇六円、低い層では四六七円だと推定されたそうです。また、日本学術会議の要望（二〇〇八年）によれば、たばこ価格の引き上げが喫煙量・喫煙者数を減らし、かつ税収を増加させることは、先進国で共通の認識となっているということです。それならば、たばこの値上げをためらうことはありません。

欧米などでレストランの全面禁煙が成功している背景には、低い喫煙率があると考えられます。一方、日本の喫煙率はまだ高い水準にあるのですから、まずは喫煙人口を減らして、その上でレストラン全面禁煙に踏み切れば、成功の可能性は高いでしょう。

以上が、目下の私の考えです。なにぶん、専門外の私の考えることですから、穴もあるはずです。「それは素人考えだ」という批判は甘んじて受けます。批判によって、新たなデイベートが始まるならば、私も望むところです。

素人考えかどうかはともかく、私がここで示したいのは、ディベートの形式を踏まえて文章を書くことは、考えを進展させるということです。文章を書きながら、「こういう批判があるかもしれない。その批判に対しては……」と、理論武装をかためていくうちに、当初は頭になかった考えが生まれます。そうなったら、その新しい考えを組み入れて、もともとの「問題・結論・理由」を練り直します。結果的に、より考えの深まった文章が書けます。これは、ディベート型クイズ文の効用の一つです。

POINT

▼ディベート型のクイズ文の構造は次のようになる。
「○○という提案は妥当か。妥当だ（妥当でない）。なぜなら、○○だからだ。これに対しては、○○という反論があるかもしれない。だが、その反論は○○という理由で当たらない。したがって、○○という提案は支持できる（支持できない）」

▼ディベートの形式を踏まえて文章を書くと、考えを進展させ、より考えの深まった文章を書くことができる。

- クイズ文には、「Yes or No 型」「How 型」「Wh- 型」「Why 型」の四つの型がある。型の選択を誤ると、適切なクイズ文に仕上がらない。
- ディベートは「Yes or No 型」のクイズ文を述べ（立論）、それに第一反論・第二反論を加える形で試合を進める。
- ディベートを台本にしたものを朗読するだけでも、クイズ文の要領が身につく。
- ディベートを踏まえて文章を書くと、より考えの深まったものになる。

第3章

実践！　クイズ文を書いてみよう

LESSON 1

「問題・結論・理由」を用意する

クイズ文を書く前に知っておくべきこと

クイズ文の型、特に、ディベートで扱うYes or No型については、第二章の説明で理解してもらえたと思います。ここからは、これらの型にのっとって、読者にも自作のクイズ文を書いてもらうことにします。

読者は、これまでのところで、クイズ文を書くための準備は十分できているはずです。だからといって、「さあ、では、何でもいいからクイズ文を書いてください」と言うのでは無責任です。そこで、家庭教師よろしく、私が読者の横につきっきりで個人指導することにします。

まずは、パソコンに向かう前に、少し準備をしておきましょう。

「問題」をどうつくるか

クイズ文は、何か問題を投げかけて、それに対する答え（結論）を出すのが基本的な構造です。まずは、何か問題が思い浮かばなければ、クイズ文は始まりません。

あなたがクイズ文を書くとすれば、どんな問題をつくるでしょうか。

授業で学生に「問題を設定してください」と言うと、「ごみ問題について考える」などといった書き方をする人がいます。こういう「問題」は、ここでは扱いません。

私の言う問題は、「～か」という疑問形で述べられるものです。この疑問形が、筆者の考えの出発点であり、また、筆者の脳みそを回転させるスイッチです（四十ページ）。

言い終わりを「～か（?）」とすることを条件に、読む人がいっしょに考えられる問題を探してみましょう。生活や社会に関する問題が適当です。

私なら、どういう問題を選ぶでしょうか。たとえば、「一歳前の赤ちゃんに、どんなおもちゃを与えればいいか」というのはどうでしょう。私の娘がその時期に差しかかったころに頭に浮かんだものです。

一般に、赤ちゃんのおもちゃというと、音の出るものか、そうでなければ、ネコさん、ウサギさんといったぬいぐるみや人形を思い浮かべます。でも、一歳前の子どもは、音の出るものはともかく、ネコさん、ウサギさんにはさっぱり興味を示しません。それは当然で、本人はネコもウサギもまだ認識できないのです。わが家には、いろいろな人からいただいたぬいぐるみが何体もありましたが、そのころの娘には置物も同然でした。

その代わり、彼女は、テレビのリモコン、デジタルカメラ、IDカードのついたネックストラップ（首から下げるひも）、電気スタンド、新聞・雑誌、ティッシュペーパー（紙が無限に出てくる）、本棚（文庫本が無限に出てくる）といったものに強い興味を示しました。そのいくつかは彼女によって廃品になりました。

とすると、彼女には、ぬいぐるみや人形よりも、大人の使い古しの道具を与えたほうがいいわけです。

このように結論するためには、私の体験だけでは証拠能力が不十分です。ところが、この時期の子どもに向けた特別のおもちゃが売られています。たとえば、CDプレイヤー、ティッシュの取り出し口（中から紙が出てくる）、電気のコンセント（プラグを差し込んで遊ぶ）などを模したおもちゃです。一歳前後の子どもが、大人の使う道具などに興味を持つことに着目したものです。この事実は有力な証拠になります。

念のため、こういったおもちゃを発売しているメーカーに問い合わせてみました。おもちゃの製品化にあたっては、文献を調べたり、専門家の話を聞いたりするのはもちろんとして、社員の実体験や、子どもを持つモニターの話などが役に立つということでした。つまり、この時期の子どもが大人の道具に興味を持つことについては、製品化を決断するに足る事例や証言が集まっているものと考えられます。

私の考えついた問題は、ささいなものとも言えますが、子どもの発達段階と、それにふさわしいおもちゃについて、ちょっとしたレポートに仕上がる可能性があります（ここでは、アイデアを記すにとどめます）。

以下に、着眼点のいい問題の例を、いくつか挙げます。いずれも学生がレポートとして書いたものです。最初の三つは Yes or No 型、後の三つは How 型の問題の例です。

・音楽の授業では歌が下手な子どもを低い成績にすべきか

・児童公園の野外遊具は、事故防止のため撤去を進めるべきか
・駅などのエスカレーターは片側を空けておくべきか
・公共トイレをきれいに使ってもらうにはどうすればいいか
・ビュッフェ（バイキング）レストランで残飯を減らすにはどうすればいいか
・子どもに嫌いなものを食べさせるにはどうすればいいか

問題の文を一読するだけで、答えを考えたくなるものばかりです。その点で、どれも優れた問題です。問題設定がいいからといって、必ずしも成功したレポートになるわけではありませんが、成功する可能性は非常に高まります。

不適切な問題設定4パターン

一方、不適切な問題設定はどういうものか、主なものをまとめて述べます。

①漠然とした問いかけのもの

「子どもと携帯電話についてどう考えればいいか」という問題は漠然としています。それこそ、どう考えればいいのか分かりません。「子どもに携帯電話を持たせていいかどうか」「子どもを有害サイトから守るにはどうすればいいか」「子どもの学習に役に立つ携帯のコンテンツとはどういうものか」など、問題の意味がいろいろに解釈されます。

「まんがは読む価値があるか」という問題は、「まんが」の範囲が漠然としています。まんがにもいろいろあって、歴史に残る名作もあれば、愚作としかいいようのない作品もあります。それらをひとまとめに論じることはできません。

「健康のために毎日何を日課とすべきか」という問題は、「健康のため」という部分が広すぎるので、無数の結論が出てきます。「早寝早起きを心がけるべきだ」「ジョギングをすべきだ」から始まって、「毎日笑うことだ」などの結論もありえます。これらを一、二、三……と列挙する人もあるかもしれません。「どれも、ごもっとも」と言うしかなく、論点をしぼって議論することができません。

②主観的なことばを伴っているもの

「人生を楽しく過ごすにはどうすればいいか」「科学技術はよい方向に発展しているか」「子どもたちがゲームに夢中になるのは悪いことか」などがこの例です。「楽しい」「よい」「悪い」などのことばは主観的で、議論に向きません。「主観」「主観的」については、第一章で触れました（五五ページ）。

「楽しい人生」と言っても、人によって何が楽しいかは違います。人里離れた自然の中で暮らすことを楽しいと思う人もいれば、つまらないと思う人もいます。

また、「科学技術はよい方向に発展しているか」は、「よい」が主観的であるばかりでなく、前項で挙げた「まんがは読む価値があるか」と同じく、問題の範囲が漠然としています。交通が便利になったのは、科学技術のよい面でしょうし、核兵器を発明してしまったのは、悪い面でしょう。このような議論は決着がつけられません。

③仮定を伴うもの

分かりやすい例で言えば、「もし坂本龍馬が暗殺されなかったら、その後の日本はどうなっていたか」がそうです。残念ながら、坂本龍馬は近江屋で暗殺されてしまったので、その事件がなかった場合を考えてもしかたがありません。歴史にif（もし）はないというのはその通りです。

「サッカーのワールドカップで日本が勝ち上がるにはどうすればいいか」も、仮定の要素が多すぎる問題です。スポーツの勝敗には運も強く関わるからです。筆者の言うことが正しいか誤りかは、必ずしも議論によって決着がつきません。「日本は、ここ一番という時にシュートが入らないから、シュートの練習をすればいい」という結論を出したとしても、実際の試合では、暑さにやられて負けてしまうかもしれません。もっとも、「サッカーの○○監督を更迭すべきかどうか」というような問題ならば、議論の対象になります。

④明らかな事実で、議論の余地のないもの

「チョコレートとココアはどう違うか」や、「スナック菓子のサラダ味の『サラダ』とはどういう意味か」などがこれに当たります。

チョコレートとココアの違いを知らない人はいるとしても、学問的に未解明であるわけではありません。すでに違いは定義されており、本を見れば書いてあります。したがって、本の結論を引用することはできても、自分で考察して結論を出すことはできません。「サラ

ダ味」の意味も同様です（ちなみに、「サラダ油」からだそうです）。

先に述べた（一〇二ページ）「なぜ、ハトは首を振って歩くのか」という問題も、同様の理由で好ましくありません。ただし、専門の研究者や卒業論文を書く学生などが、あえて通説を問題にして、それに反論を加えようとするならば、話は別です。

以上のことを踏まえて、問題を選ぶとすれば、どういうものが挙げられますか。

ひとつ、いっしょに考えてみましょう。

あなたは、知人から、「最近、うちの子が朝ご飯を食べずに学校に行くので困る」という話を聞きました。知人の子どもは小学生です。朝起きるのが遅いので、朝ご飯を食べる時間がないのだそうです。

その何日かあとに、あなたは、新聞で、何も食べずに登校する子どものため、朝食を出している学校があることを知りました。

これらの材料から、クイズ文の問題が作れないか、考えてみます。「子どもが朝ご飯を食べずに登校することはいいことか」「朝ご飯は食べるべきか」「朝ご飯を食べることにはどういうメリットがあるか」……と、いろいろな案がありえます。主観的なものや、当然すぎるもの、問題が広すぎるものを除いていくと、

　朝食抜きの子どもを減らすため、学校で朝食を出すことは適当だろうか。

という案が残りました。これならば、学校で朝食を出すというルールの適不適を考える問題（Yes or No型）になるので、読む人も参加しやすそうです。この問題でクイズ文を書くことに決めましょう。

当座の「結論」「理由」を用意する

「問題」を決めたら、そこから、現時点での「結論」を導き出します。また、現時点で考えられる「理由」をまとめておきます。「現時点」と言うわけは、クイズ文を書いているうちに考えが変わるかもしれないからです。「問題」は、最初にきちっと決めておかなければ文章が書き出せませんが、「結論」「理由」は、まあ、それほどむずかしく考えず、当座のものを用意しておけばけっこうでしょう。

　今回のクイズ文では、とりあえず、三要素を次のように決めておきます。

「問題」朝食抜きの子どもを減らすため、学校で朝食を出すことは適当だろうか。
「結論」適当だ。
「理由」なぜなら、朝食をきちんととれば、学校の勉強に集中できるからだ。

このようにまとめてみて、あなたは、「ちょっと、理由が平凡だ。当たり前すぎる」と思いました。それでもかまいません。考えていくうちに、もっとしっかりした理由になるかもしれません。

そろそろ、パソコンに向かいましょう。

POINT

▼「問題」は読み手が思わず考えてしまうようなものにする。原則として「〜か」という疑問形で書く。

▼不適切な問題設定は
①漠然とした問いかけのもの
②主観的なことばを伴っているもの
③仮定を伴うもの
④明らかな事実で、議論の余地のないもの

▼「結論」「理由」はクイズ文を書いているうちに考えが変わるかもしれないので、むずかしく考えず、当座のものを用意しておけばいい。

LESSON 2

「問題」の述べ方、ここに注意

問題を文章の流れの中で提示する

「問題・結論・理由」の三要素が固まったら、いよいよクイズ文の本文を書き始めます。字数は、八〇〇字程度を想定しています。

冒頭に記すのは「問題」です。「学校での朝食」のクイズ文について、私たちが先に用意した問題は、次のものでした。

「問題」 朝食抜きの子どもを減らすため、学校で朝食を出すことは適当だろうか。

これを、そのまま、ぽんと文章の中にほうりこんでも、読む人にはよく分かりません。文章の流れの中で、分かりやすく問題を提示しなければなりません。

たとえば、書き出しはこんな具合にしてみます。

朝食を抜いて登校する子どもは少なくない。知人の小学生の子どもも、よく朝食をとらずに学校に行くそうだ。**（背景説明）**

朝食を抜く子どもを減らすため、学校で朝食を出す動きもある。岡山県美咲町の小学校では、一時間目が終わったあとで、ヨーグルトやチーズなどを希望者に与えているという。こうした「学校での朝食」は、朝食抜きへの対策として適当だろうか。**（問題）**

最初の段落では、「朝食を抜いて登校する子どもが少なくない」という、問題の背景となる事実を説明しています。次に、二段落目では、そういう子どもを減らすためのルール（学校での朝食）を提案し、賛成か反対か、イエスかノーかの結論を求めています。この段落が問題に当たります。

つまり、「背景説明↓問題」という順番です。

右の文章は、問題の示し方としては合格と言えるでしょう。もっとも、あとで直す部分があるかもしれません。

問題の部分は、わりあいあっさり書けてしまいました。でも、いつもこううまく行くとは限りません。

実際のクイズ文を観察してみると、問題の示し方がよくないものがたくさんあります。そこで、「学校での朝食」のクイズ文を先へ書き進める前に、問題の述べ方について、もう少しこだわってみます。問題を書くときに犯すいろいろな誤りについて、五パターンの例を示しながら説明します。「学校での朝食」のクイズ文を書く作業は、LESSON 3の冒頭に続きます。

なお、以下で取り上げる文章は、学生が書いたクイズ文をもとに、その特徴を生かして、私がテーマも新たに書き下ろしたものです。

問題が書かれていない――「問題」のよくない述べ方①

クイズ文を書くという前提で文章を書いたのに、「問題がまったく書かれていない」という例を示します。事前の準備が不足したまま書き出すと、このようになります。

八〇〇字程度の文章を示したいところですが、紙数節約のために、四〇〇字程度でまとめたものを示します。

子どもの読解力向上のために

子どもの読解力は低下傾向にあるようだ。OECDが行う三年ごとの国際的な学習到達度調査（PISA）では、日本の高校生の学力は、どの分野でも順位が落ち、なかでも読解力に関しては、二〇〇〇年に八位だったのが〇六年には一五位に転落している。

本を読まなくなったからではない。子どもの読書量は、学校読書調査などによれば、近年は増加傾向が続いている。学校で「朝読書」などの取り組みを続けた成果だろう。にもかかわらず、それが読解力向上に結びついていないのは残念だ。

子どものためには、楽しみながら読解力を養えるような、おもしろくて論理的な文章がたくさん必要だ。教師には、そういった文章を発掘してもらいたい。また、多くの文筆家が、論理の通った、わくわくするような文章を書いてくれることを望みたい。

内容そのものに関しては、けっして悪いとは思いません。でも、「〜か」の形で示されるべき問題がどこにも書かれていません。

この文章では、まず「子どもの読解力が低下している」という事実を示し、「読解力を養えるような文章がたくさんほしい」という感想を記しています。事実と感想からなる文章ですから、これは、第一章（五八ページ）で述べた日記文の形式ということになります。クイズ文の形式ではありません（日記文として読むならば、これでＯＫです）。

この文章は、ちょっと書き方を変えれば、「子どもの読解力を向上させるにはどうすればいいか」というクイズ文にすることもできます。ただ、その場合、「なぜなら」という理由によって、問題と結論を結びつけなければなりません。その作業は、クイズ文ならではの苦労です。

たとえば、次のような構成にすることが考えられます。

「問題」子どもの読解力を向上させるにはどうすればいいか。

「結論」論理的に書かれた、楽しみながら読める本をたくさん与えればいい。

「理由」読解力は、論理的な文章を大量に読むことで養われるから。また、子どもは、すでに読書の習慣がついており、論理的な文章に取り組む準備ができているから。


右の理由のうち、前半の〈読解力は、論理的な文章を大量に読むことで養われるから〉は、当たり前のようです。でも、読解力がケータイ小説では養われないこと、国語の教科書を読むだけでは不十分なことなどは、論じておく必要があります。また、「そうは言っても、子どもは本を読みたがらないだろう」という反論を想定して、後半に〈子どもは……論理的な文章に取り組む準備ができているから〉という理由を、あわせて挙げておきます。

問題が複数ある――「問題」のよくない述べ方②

問題が書かれていなければクイズ文ではありませんが、それとは逆に、「問題と見られるものが複数ある」という場合もあります。これもクイズ文として成立しません。次の例を見てください。

ビル建設と東京の景観

東京の公園を歩いていて、奇妙な感じにとらわれることはないだろうか。たとえば、新宿御苑を散歩すると、由緒正しい日本庭園の向こうに、新宿西口や代々木のビルがどんとそびえている。浜離宮庭園を訪れると、大きな鏡のような池の後ろに、汐留のビル群が壁を作っている。公園の景観に配慮しようという発想はないのか。

公園に限らない。私たちの大学は、何年か前に、時計塔の背後に大きなホテルを造った。風格のある時計塔が、今や、後ろのホテルに見下ろされている。大学にも都市景観の専門家はいるはずだが、ホテル建設の時に反対運動は起こらなかったのだろうか。

人口の密集する東京では、景観に配慮したビル建設は不可能なのだろうか。先進諸国の首都でもこんな感じなのだろうか。〔下略〕

一読してお分かりのように、「～か」で終わる文がやたらに出てきます。すでに繰り返したとおり、「～か」は問題を示す目印です。この目印が複数回出てくると、読者はそのたびに考える態勢に入ります。何度も「～か」を使われると、読むほうは混乱して、何を考えればいいのか分からなくなります。

こういうことを避けるため、クイズ文では、「～か」のつく文は、問題を含むただ一文だけにしぼることにします。問題以外の部分では、一切「～か」を使いません。

一般的には、よく、文章の最後で、「われわれはもう一度考えてみる必要があるのではないだろうか」などと、「～か」を使うことがあります。クイズ文ではこれも禁じ手とします。出された問題に結論を出すのがクイズ文の目的なのに、一番最後で「～か」を使ってしまっては、未解決の問題が残されることになります。

「いや、その『～か』は問題を表すわけではなく、反語・皮肉・自問自答などを表すものだから、使ってもいいのでは？」

という意見があるかもしれません。たとえ問題のつもりでなくても、まぎらわしいものは排除して、誤解の余地をなくすべきです。名文の書き手なら話は別ですが、最初は、分かりやすさを優先して、決まった型の通りに書くという苦行を経験してください。

右の例の場合、最後の段落の〈景観に配慮したビル建設は不可能なのだろうか〉のあたりを適切な問題の形にして残し、あとの「〜か」は取り除くのがいいでしょう。

右のような話を取り上げようとする場合、「問題・結論・理由」をどのように述べれば分かりやすくなるか、一案を記します。

「問題」公園の景観に配慮してビルを建設するにはどうすればいいいか。
「結論」公園側に向いた面を目立たない色調にすればいい。
「理由」なぜなら、色調は、景観の良し悪しを左右する一番の要素だから。

この結論は、私の持論でもあります。公園や名建築などの後ろに趣味の悪い色のビルが建っていると、本当にがっかりします。景観を損なう要素の第一は色調であると、私は考えます。

問題の範囲が不明確――「問題」のよくない述べ方③

次は、「問題として取り上げている範囲が不明確」という場合です。これは、問題の設定そのものが悪く、論じる対象が漠然としている場合と、文中のどこからどこまでが問題に相当するのかが不明確な場合とがあります。

問題設定そのものが漠然としている場合については、先に述べました（一六九ページ）。

ここでは、文中のどこからどこまでが問題かが分からないという例を挙げます。

古典文法教育の課題

著名な女性作家が、高校のころに古典の成績が悪かったことについて書いていた。古文を読むのは好きだったが、四段活用だの何だのという文法が覚えられず、大の苦手になってしまったという。

また、テレビを見ていると、落語家が話の枕で古典のむずかしさに触れていた。「まるで外国語ですよ」と言いながら、高校時代に暗記したという助詞を順にそらんじてみせた。客は拍手喝采だったが、これは、彼の記憶力に対する称賛ばかりでなく、自分も古典文法に苦しめられたという共感からの拍手だろう。

大作家には嫌われ、落語家には笑われる。古典文法はかわいそうな教科だ。こういうことがないようにするには、文法教育のどこを改善すべきだろうか。〔下略〕

「～か」のつく文が最後の文だけに限られ、そこに問題が示されていることが分かる点はけっこうです。でも、〈こういうことがないようにするには〉の〈こういうこと〉とは何でしょうか。前の部分を受けているらしいのですが、その部分はどこからどこまでか、分かりません。

そのまま読めば、「作家や落語家に嫌われたり笑われたりしない文法教育をするには、どこを改善すべきか」を論じているようですが、そんな特殊なことが問題になるとは思えません。筆者としては、もっと一般に通じることを述べようとしているはずです。

筆者の書いていないことを行間から読み取るならば、おそらく、「やみくもに暗記を強いる古典文法の指導法は改めるべきだ」と主張したいのだと思います。もしそうなら、「問題・結論・理由」は、たとえば、次のように設定するのがいいでしょう。

「問題」古典の授業では、文法書のすべての事項を理解させなければならないか。
「結論」すべての事項を理解させる必要はない。
「理由」なぜなら、文法書には、古典にはほとんど出てこない単語や語法も多いから。

右の文章は、この三要素がはっきり決まらないままに書き始めた疑いがあります。まず、三要素を右のように確定してから書けば、問題がどこだか分からないということはなかったでしょう。

問題を唐突に提示――「問題」のよくない述べ方④

クイズ文は、「問題・結論・理由」の三要素が大切であることは、何度も強調しました。とは言いながら、この要素を含む文以外の文はいらないという意味ではありません。三要素はあくまで骨組みであり、それを前後の文章で肉付けする必要があります。

骨組みだけ書けば十分と思い込んだ人が、最初からいきなり問題を提示することがあります。例を示します。

飲み水には水道水を

ミネラルウォーターをふだん買う必要はあるか。いや、その必要はない。なぜなら、水道水を飲めば十分だからだ。

一般に、水道水はまずいと言われる。たしかに、私も、水道水のカルキ臭を不愉快に思っていた。かびの臭いが強くて閉口したこともある。煮沸して料理に使うならともかく、そのまま飲むのはためらわれた。

ところが、最近では水道水の事情が変わってきている。高度浄水処理の導入が進み、カルキ臭の元となるアンモニア態窒素や、かび臭の原因物質を一〇〇％取り除くことが可能になった。高度浄水処理は、大阪府営水道のすべての浄水場で導入されており、東京都水道局でもほとんどの浄水場で導入が進んでいる。〔下略〕

冒頭から、やぶから棒に〈ミネラルウォーターをふだん買う必要はあるか〉と問題を示されても、読者はよくのみこめず、返答に困ります。暑い日に歩いていて、自動販売機のミネラルウォーターを買っていけない理由はありません。もしもの災害に備えて、ふだんからミネラルウォーターを用意しておくことも必要なはずです。

この文章では、問題を出すときに、問題の背景をまったく示していません。読者は、示された問題をどういう方向で考えればいいのか、さっぱり分かりません。

後の部分を読むと、この文章では、飲み水としてのミネラルウォーターと水道水の優劣を議論しようとしています。それならば、そのことが初めから分かるように書くべきです。たとえば、次のように。

ふだん、水分をとるために、水道水ではなく、ミネラルウォーターを飲んでいる人は多い。大きなペットボトルを冷蔵庫に常備している人はめずらしくない。私の知人は、インスタントラーメンを作るにも、水道水はいやだと言って、ミネラルウォーターを沸かして使っている。

ミネラルウォーターは生活にすっかり定着した感がある。だが、これをふだんの飲み水として使う必要はあるだろうか。

右の一段落目が背景説明、二段落目が問題に当たります。このように、なぜその問題を議論したいと考えるようになったか、そこに至る背景を説明する必要があります。ちょうど、借金を申し込むときに、「金を貸してくれませんか」といきなり言っても貸してもらえないのと似ています。

背景説明をしてから問題に移る必要については、このLESSON 2の冒頭でも述べました（一七七ページ）。

問題提示までに回り道――「問題」のよくない述べ方⑤

冒頭から唐突に問題を示す人がいる一方で、なかなか問題を示さない人もいます。背景をくわしく説明する必要があるときは、問題を示すのが遅れてもやむをえません。でも、関係ない話をして、回り道をしているにすぎない場合もあります。

いったい何を問題にしようとしているのか、いつまでたっても分からないのでは、読者はいらいらします。無用の回り道は避けるべきです。回り道の例を示します。

帳票類は電子化を

私は絵をかくのが趣味だ。下手の横好きと言われてもしかたがないレベルだが、それでも、雑誌のさし絵をかいてくれとか、ホームページのイラストをかいてくれとか、ありがたい依頼をいただくこともある。

絵をかく道具は、長い間に変わってきた。はじめは、紙にペンでかいて、絵の具で色を塗っていた。それが、いつしか、パソコンの画像編集ソフトを使ってかくようになった。これならば、納得がゆくまでやり直しができる。デジタル技術さまさまだ。

パソコンでかいた絵は、納品も簡単だ。メールに添付して送るだけでいい。

ところが、やっかいなのは、制作料の請求だ。請求書に金額を書き、はんこをついて郵送しなければならない。これも電子化すればよさそうなものだが、そんな方法をとっている所を知らない。帳票類を電子化することは不適当なのだろうか。〔下略〕

この文章では、請求書などを電子化することの適否について取り上げようとしています。最後の文の〈帳票類を電子化することは不適当なのだろうか〉が問題を示します。「適当か、不適当か」の答えを求める、典型的なYes or No型の文章です。

それなのに、問題とは関係のない「自分の絵の趣味」のことが最初に書かれています。「絵をかく道具が、ペンからパソコンに変わった」「絵をメールに添付して送る」という話をすることで、後の電子化の話につなぐ意図があるのかもしれません。でも、読者は、絵の趣味の話が続いているのだと思って読んでしまいます。

ここは、すっと本題に入っていくべきです。改善例を示します。


電子機器の発達で、仕事で必要な書類は、多くは郵送ではなく、ファクシミリで送るか、メールに添付して送ればすむようになった。筆者も、仕事の相手とのやりとりには、ほとんどメールを使っている。電子化による事務の効率化ははかりしれない。

ところが、納品書・請求書・領収書などに関しては、いまだに、紙にはんこをついて郵送するのが一般的なやり方だ。これも電子化すればよさそうなものだが、そんな方法をとっている所はまず聞かない。帳票類を電子化することは不適当なのだろうか。


これで、問題の提示に至る筋道が、すっきりと分かりやすくなりました。自分のことに

ついては、〈筆者も、仕事の相手とのやりとりには……〉と、ごくさらっと触れてあるだけです。自分がほかと違う特別なことをしているわけではないので、くわしく述べる必要はありません。

では、この文章はこの先どう進めればいいかについてですが、三要素は、例えば次のようになります。

「問題」帳票類の処理を電子化することは不適当か、適当か。
「結論」適当だ。
「理由」なぜなら、事務効率が非常に上がるから。また、すでに法律上も認められており、セキュリティー上も十分な対策をとることができるから。

事務効率が上がることについては、ほとんど反論は出ないでしょう。読者からの反論として想定されるのは、「法律上の証拠能力がない」「改竄《かいざん》などを防ぐことができずセキュリティー上の不安がある」などの点です。

こういった「想定される反論」については、あらかじめ文章中でつぶしておくのが望ましい書き方です。法律上は、すでに通称「e‐文書法」（電子文書法）が制定され、領収書などをコンピューターのファイルで保存していいことになっています。また、金額を書き換えたり、印鑑を偽造したりすることは、電子署名を利用するなどの工夫で防ぐことができます。普及しているＰＤＦ形式のファイルにも、電子署名機能があります。

帳票類の電子化はメリットが大きいはずです。でも、現実には導入の動きは鈍いようです。商慣習というものは、そうすぐには変えることがむずかしいのかもしれません。

POINT

▼読者に背景を説明したあとで問題を出すと、分かりやすい。

▼問題の述べ方がよくない典型的な例として、次のようなものがある。

①問題が書かれていないもの
②問題が複数あるもの
③問題の範囲が不明確なもの
④問題を唐突に提示するもの
⑤問題提示までに回り道をするもの

LESSON 3 「結論」の述べ方、ここに注意

結論は問題のすぐ後に示す

私たちの「学校での朝食」に関するクイズ文は、先に、〈「学校での朝食」は、朝食抜きへの対策として適当だろうか〉という問題を示したところで中断していました。先を続けましょう。

問題の次には、結論を述べるのが順番です。

結論は、問題の含まれる文のすぐ後の段落に、間を置かずに示します。「〇〇か？（問題）――〇〇だ。（結論）」のように、結論がすぐ示してあれば、読者はストレスを感じません。読者にじっくり考えてもらいたい場合は、結論の提示を少し遅らせることもありま

すが、本書ではその方法はとりません。

ここでは、「学校での朝食」に賛成する論旨で結論を書くことにします（反対意見を持つ読者にはすみませんが、この場は賛成の立場で考えてください）。すると、こうなります。

朝食を抜く子どもを減らすため、学校で朝食を出す動きもある。岡山県美咲町の小学校では、一時間目が終わったあとで、ヨーグルトやチーズなどを希望者に与えているという。こうした「学校での朝食」は、朝食抜きへの対策として適当だろうか。**（問題）**

適当な対策といえる。**（結論）**

これが結論です。たった一言ですんでしまいました。あまりにぶっきらぼうすぎるので、もう少しつけ足して書きたい気もします。でも、意味もなく引き伸ばしてもしかたがありません。今は、このままでけっこうです。おそらく、先を書き進めるうちに、結論に何をつけ加えるべきかが分かってくるでしょう。

この結論は、文章の終わりの部分で、もう一度繰り返して確認します。これは、ディベートの立論の述べ方（一三七・一四十ページ）と同じです。ただ、今は結論の確認を書くのも後回しにします。

私たちの結論はあっさり書けてしまいましたが、ここからは、結論が不適切に書かれた文章の例を三パターン取り上げて説明します。

「学校での朝食」の文章を書く作業は、LESSON 4の冒頭に続きます。

結論が書かれていない――「結論」のよくない述べ方①

結論そのものが書かれていないクイズ文があります。問題が書かれていない文章の場合、日記文として見れば悪くないものもあると述べました（一八〇ページ）。でも、問題が書いてあるのに結論がない文章は、議論を投げ出したも同然です。その例を挙げます。

古典芸能でサービスデーは可能か

学生が、歌舞伎・能・狂言などの伝統芸能をなまで楽しむことはむずかしい。理由の一つは高い料金だ。歌舞伎座では、一番後ろの安い席でも二五〇〇円する。一幕見席ならもっと安くなるが、役者が米粒ぐらいにしか見えず、歌舞伎の醍醐味《だいごみ》は伝わりにくい。学生に伝統芸能に親しんでもらうために、劇場で学生のためのサービスデー（料金割引日）を設けることはできないだろうか。

映画館では、レディースデーを設けて、女性の料金を割引するところも多い。伝統芸能の劇場でも同じようにして、学生が格安料金で前のほうで見られるようにしてはどうか。

劇場の収益にも影響するので、簡単には導入できないのかもしれない。とはいえ、もし多くの学生が後々まで固定ファンになれば、古典芸能の発展にもつながるだろう。

文面からは、「古典芸能でサービスデーを設けてほしい」と望んでいることは伝わってきます。とはいえ、ここで出されている問題は〈劇場でサービスデーを設けることはできないだろうか〉（Yes or No型）ですから、その結論としては、「できる」か「できない」か、どちらかを書かなければなりません。その部分はどこにもありません。それどころか、〈劇場の収益にも影響するので、簡単には導入できないのかもしれない〉と書いてあったりするので、希望とは裏腹に、「サービスデーは不可能」と考えているのかとも推測されます。

この文章の場合は、次のように三要素を設定することで、筆者の主張をはっきりさせることができます。

「問題」学生に伝統芸能に親しんでもらうため、サービスデーを設けることは可能か。
「結論」可能だ。設けるべきだ。
「理由」なぜなら、映画館でもレディースデーなどの導入が成功しているから。また、多くの学生が固定ファンになり、古典芸能の発展につながるから。

右の結論は、「可能だ」と「設けるべきだ」という二つの部分からなっています。問題では「可能か」だけを問うていますが、「可能だが設けるべきでない」という結論もありうるので、「設けるべきだ」と明言しています。理由の部分も、結論に対応して、「なぜ可能か」と「なぜ設けるべきか」の二つの点について述べています。

結論が弱い――「結論」のよくない述べ方②

今度は、一つの結論は導かれているものの、はなはだ頼りない場合を取り上げます。保留がついていて、その結論が必ずしも当てはまらない場合があることを自ら認めていたり、また、文中で言及している反対意見のほうが説得力があったりする場合です。

結論が当てはまらない場合があることを認める文章というのは、たとえば、次のようなものです。

歩道橋は安易に造るな

歩道橋は、高度成長期にさかんに造られたが、現在でもなお新設されている。一九九〇年に全国で約一万か所あったのが、二〇〇〇年には約七〇〇か所増えた。このように歩道橋を造り続けることは正しいだろうか。

時代遅れであり、誤っているというべきだ。

なぜなら、バリアフリーを目指す社会の考え方に逆行しているからだ。歩道橋は、車を優先した過去の交通行政の産物であり、お年寄りや身体障害者、妊婦などにとってはたいへん利用しにくいものだ。

新しい歩道橋は、階段の傾斜が緩いものが多いが、上り下りに苦労することには変わりない。かといって、エレベーター設置を進めるのも費用がかかり、現実的でない。
もちろん、交通量が多い場所では、歩道橋がなければ歩行者の安全が守れないといった場合もあり、歩道橋を一概に否定することはできない。それでも、安易な建設には反対だ。歩道橋を建設する際は、住民の理解も得ながら、十分に検討することが必要だ。

この文章では、歩道橋建設は〈誤っている〉と言いながら、最後に〈住民の理解も得ながら、十分に検討することが必要だ〉と、建設を容認しています。これならば、「十分に検討するならば、歩道橋建設に賛成」と言っているのと同じことです。「反対」の主張に説得力が欠けています。

このような結論になったのは、問題設定が十分でなかったせいでもあります。〈歩道橋を造り続けることは正しいだろうか〉が問題の部分ですが、全国の歩道橋は、さまざまな事情で造られます。筆者自身が認めるように、必要な歩道橋もあるはずです。不適切な問題設定の①で述べた「まんがは読む価値があるか」（一六九ページ）と同じで、いろいろなものを一緒に論じたのがよくなかったのです。

したがって、改善案としては、問題をしぼることが考えられます。「○○市の××交差点に歩道橋を設置する必要はあるか」という問題であれば、話はローカルになるものの、結論の明快な文章になる可能性があります。あるいは、全国の多くの歩道橋建設についてくわしく調べ、本当に不要なものが多いかどうか確かめる方法もあります。ただし、これは卒業論文レベル以上の労力を伴います。

次に、反対意見のほうが説得力がある文章というのは、こんな感じです。

飛び級の導入促進を

学校現場では、多く勉強のできない子どもへの対応が議論になるが、勉強ができる子どもが授業の遅さに不満を持つことにも注意する必要がある。「できる子ども」の学習意欲を満たすためには、どういう方策をとるのがいいか。

それには、飛び級制度の導入が最も有効だ。

なぜなら、自分の能力に応じた授業が受けられるばかりでなく、年長の子どもに混じって勉強することで、刺激を受けるからだ。

飛び級制度については、弊害も指摘される。まず、学習面に関しては、得意な分野では学習意欲が満たされるが、不得意な分野では逆に学習意欲を奪われる。分野によって基礎学力を欠く結果になりかねない。また、精神面に関しては、年長の級友との関係が作りにくい。自分だけが特別な存在だというおごりや疎外感を持つおそれもある。

このような指摘はあるものの、飛び級は、学習意欲を持つ子どもに強い動機付けを与えることは間違いない。導入のための法整備が進むことが望まれる。

右の文章は、やや極端な例ですが、筆者が主張している飛び級導入のメリットが、文中に出てくるデメリットによって、ほとんど論破されてしまっています。

「自分の能力に応じた授業を受けられる」というメリットに対しては「不得意な分野では学習意欲を奪われ、基礎学力を欠く結果になる」と反論されています。「年長の子どもに混じって勉強することで刺激を受ける」というメリットに対しては「年長の級友との関係が作りにくく、おごりや疎外感を持つおそれがある」と反論されています。こうなると、筆者の意見は自壊してしまいます。

メリット・デメリットを比較することは、もちろん大事です。この作業を経ていない文章は自己満足に陥ります。だからといって、反論をねじ伏せられないままに文章を書いてはいけません。もし、考えているうちに反論のほうが正当だと思ったら、書く前に自分の主張を見直さなければなりません。

では、右の文章に説得力をもたせるためにはどうすればいいかというと、私自身が飛び級に積極的に賛成しないせいか、あまりいいアイデアが浮かびません。

ただ、いくつか考えられることはあります。飛び級と言っても、義務教育で行う場合と、高校・大学で行う場合とでは事情が大きく違います。大学での飛び級ならば、「年長の級友との関係」はあまり問題になりません。また、飛び級を実施している大学に関する新聞記事によれば、本人の基礎学力が欠けている部分については、教員が特別に指導に当たるなどの措置をとっているそうです。

日本の高校・大学での飛び級の成功例や、海外の事例を証拠に使えば、右の文章も、より説得力のあるものになる可能性があります。

問題と結論がかみ合わない——「結論」のよくない述べ方③

最後に、問題と結論がかみ合っていない場合を示します。結論が、問われたことに対する答えになっていないものです。「A野さんは学級委員にふさわしいか」と問われて、「B山さんはふさわしい」と答えるような、とんちんかんな問答です。

問題の意味を筆者自身がよく理解していれば、こういうことは起こりにくいものです。学生の書いた文章にも、例は多くありません。以下に示すのは、その少ない例をもとに作った文章です。問題と結論がつながっているかどうか、注意して読んでください。

ニュースはネットで十分

インターネットが普及し、毎日のニュースもパソコンの画面で読む人が多くなった。こういう新しい状況のもとで、紙の新聞が存在する意義はあるだろうか。

インターネットのニュースがあれば十分だと考える。

いくつかの理由が挙げられる。第一に、ネットは速報性にすぐれている。第二に、複数のニュースサイトを比較して読むことで、情報の正しさを自分で判断することができる。第三に、重要なニュースは「コピーアンドペースト」によってファイルに保存できる。第四に、ニュースを閲覧するためには、インターネット接続料のほかには料金がかからない、等々だ。主要メディアは紙からテレビ、インターネットへと推移していく運命にある。インターネットは新聞を駆逐しつつあると言えるだろう。

新聞社の人が読んだら目をむきそうな主張ですが、つながりのおかしい文章です。示された問題は〈紙の新聞が存在する意義はあるだろうか〉ですから、その結論は「意義はある」か「意義はない」かのどちらかです。ところが、実際に示された結論は〈インターネットのニュースがあれば十分だと考える〉であり、新聞の存在意義については言及していません。問題と結論とがかみ合わない文章です。

では、結論の部分の文言を修正して、「紙の新聞が存在する意義はない」に変えれば、それで解決するかというと、今度は理由と結論とがつながらなくなります。右の文章で示された〈いくつかの理由〉は、すべてインターネットのニュースの長所を述べるものであり、そこから紙の新聞に意義があるかないかを言うことはできません。

「紙の新聞が存在する意義はあるか」という問題を考えるためには、ネットのニュースの長所・短所ばかりでなく、当然、紙の新聞の長所・短所を考える必要があります。それらを比較した結果によって、紙の新聞の存在意義の当否を述べるべきです。

紙の新聞ならではの長所を考えてみます。たとえば次の三点です。第一、ネットで読めない記事がある。特に、解説・論説・読者投稿記事などは、新聞でしか読めないものがたくさんあります。第二、多様な記事に触れる。新聞の紙面にはいろいろな記事が載っており、関心のない記事でも目に飛びこんできます。ネットのニュースは、自分の関心のない記事はクリックせずに終わります。第三、扱い方で記事の性質が示される。一面トップに載せるか、社会面にするか、囲み記事かなど、扱いの微妙な差によって、その記事を新聞社がどう捉《とら》えているかが示されます。ネットのニュースは、どれも同じ扱いで、記事の性質についての情報はありません。

これらの点を踏まえれば、「紙の新聞が存在する意義はある」という結論のクイズ文を組み立てることもできます。以下に三要素を簡潔にまとめておきます。

「問題」ネットでニュースが読める現在、紙の新聞が存在する意義はあるか。
「結論」意義はある。
「理由」なぜなら、紙の新聞は、ネットのニュースにない長所があるから。それは①ネットで読めない記事がある②多様な記事に触れる③扱い方で記事の性質が示される、の三点。

このような紙の新聞の長所がなくなるか、または、ネットのニュースに同様の長所が生まれれば、その時は「紙の新聞が存在する意義はない」という結論になるかもしれません。それは、まだずいぶん先のことだろうと思います。

ここまで、結論に不適切な点のある典型を説明しました。このほかのパターンとして、たとえば次のようなものがあります。

結論がなかなか示されない場合

問題について、筆者はいったいどう考えているのか、賛成なのか反対なのか、最後まで引っ張る文章です。読者は宙ぶらりんの心地がして落ち着きません。ただ、クイズ文では、

「問題のすぐ後に結論を示す」ということをルールにしているので（一九五ページ）、学生の文章でも、結論を後のほうに置くという例はほとんどありません。

自分で出した結論でない場合

「衆議院議員のうち、世襲議員はどのくらいか」という問題に対して、「約四分の一だ」と答えれば、一応の結論です。ただ、これは、すでにあるデータの引用にすぎません。自分の結論にするには、「だから、どうすればいい」など、踏み込んだ提案が求められます。問題設定も見直し、「選挙で同一選挙区から親族が立候補することを認めるべきか」などに変えることが望ましいでしょう（なお、世襲議員の割合は減っているともいいます）。

POINT

▼結論は問題のすぐ後に示す。
▼結論の述べ方がよくない典型的な例として、次のようなものがある。
①結論が書かれていないもの
②結論が弱いもの
③問題と結論がかみ合わないもの

LESSON 4

「理由」の述べ方、ここに注意

不適切な点のある理由を用意しない

私たちの書き進めている「学校での朝食」のクイズ文は、問題と結論が書けたところです。次に、理由を書きます。理由は、結論のすぐ後の段落に示します。

学校が朝食を出すことについては、私たちは賛成の立場です。なぜ賛成するかという理由については、初めに次のものを用意していました。

「理由」 なぜなら、朝食をきちんととれば、学校の勉強に集中できるからだ。

朝食をきちんととれば、学校の勉強に集中できるのは当たり前です。だれでも分かることを言っているだけで、わざわざ文章にする意味がないような気もします。

ただ、当たり前でも、説得力を持つ文章はあります。ここに示した理由に不十分なところがあるとすれば、当たり前という点よりも、むしろ、すぐに反論されてしまうという点です。次のように言われたらどうでしょう。

「朝食をきちんととれば、学校の勉強に集中できるのはそのとおりだ。だが、家庭で朝食をとっても、同じ効果はある。学校で朝食を出す理由にはならない」

こう反論されたならば、理由は崩れてしまいます。

それを防ぐため、学校が朝食を出すことの正当性について補足しておく必要があります。次のように述べればいいでしょう。

……「学校での朝食」は、朝食抜きへの対策として適当だろうか。(問題)

適当な対策といえる。(結論)

なぜなら、朝食をきちんととることで、子どもは授業によく集中し、学習効果が上がるからだ。学校が子どもの学習効果を上げるために支援するのは当然のことだ。(理由)

学校は勉強するところですから、勉強の効果を高めるためのこと（＝朝食をとらせること）をするのは正当だ、という考えを示しました。これで、先ほどの反論については防御することができます。

反論については、まだ、このほかにも出てくるでしょう。それについては、またあとで考えることにしましょう。

この続きは、LESSON 5 の冒頭に譲ります。次の課では、このクイズ文の完成にこぎつけます。

以下の節では、理由に不適切な点のあるクイズ文を取り上げ、説明を加えます。典型例を四パターン紹介します。

結論へ論理的につながらない――「理由」のよくない述べ方①

第一章で、「問題」駅から「結論」駅へ向かう電車が「理由」だと説明しました（三五ページ）。この電車は、論理という線路の上を進みます。論理から脱線しないようにうまく運転することが求められます。

ところが、思わず理由が脱線してしまうクイズ文があります。ここでは、理由からうまく結論へつながっていないクイズ文の例を二つ紹介します。

まず、「大学の勉強は出世に役立つか」を問う文章です。「大学の勉強」とか「出世」とかいうことばが漠然としているため、問題そのものに改善の余地があります。でも、それには目をつぶり、理由と結論が論理的につながるかどうかを考える素材として使います。

大学の勉強は出世に役立つか

私たちは苦労して大学に入り、高い授業料を払って通っている。大学生活で得られるものは多く、ことに友人関係は貴重だ。しかし、勉強に関してはどうだろう。真理を探究するおもしろさはたしかにあるが、私たちにとって重要なのは、何よりも将来の生活だ。大学での勉強は、はたして出世に役立つのだろうか。

残念ながら、大学の勉強は出世には必ずしも役立たないと考える。

というのも、現代日本の基礎を造った巨人には、大学卒でない人が少なくないからだ。パナソニックを築いた松下幸之助は小学校を中退している。また、本田技研の創業者・本田宗一郎は高等小学校しか出ていない。そのほか、有名企業の社長の中には、大学卒でない人がいくらでもいる。政治の世界では、やはり小学校卒で首相にまで上りつめた田中角栄の例を挙げることができよう。

このような人々について書かれた文章を読むと、出世をするのに必要なのは、学歴よりもまず独創性、そして、努力の量であると感じる。たとえ有名大学を出たからといって、それだけで将来の保証が得られるわけではない。大学の勉強をまじめにしていれば人生で成功できるという考えは、思い切って捨てなければならない。

教室でこの文章（筆者は私）を読み上げると、「なるほど」という声が多く聞かれます。どうも、多くの学生は、自分の体験と照らし合わせて、大学の授業が役に立たないという主張に、非常に説得力を感じるようです。

ところが、この文章にはトリックがあります。どこだか分かるでしょうか。

この文章の「問題・結論・理由」の要素を要約すると、次のようになります。

「問題」大学の勉強は出世に役立つか。

「結論」必ずしも役立たない。

「理由」なぜなら、出世した人の中には、大学卒でない人もけっこういるから。


これは、ことばを変えれば、次のように言っていることになります。

「出世した人の中には、大学卒でない人もいる。だから、出世のために、大学の勉強は必ずしも役立たない」

もし、これが成り立つならば、次も成り立つはずです。

「旅行でロンドンに行った人の中には、飛行機を使わなかった（船を使った）人もいる。だから、ロンドンへ行くために、飛行機は必ずしも役立たない」

これは明らかにおかしい考え方です。ロンドンに行くとき、飛行機が役立たない場合は、たしかにあります（例、燃料が空っぽの場合）。でも、そのことと、飛行機を使わずに船で行った人がいるかどうかは関係がありません。「ロンドンに行った人の中には、飛行機を使わなかった人もいる」という事実から言えることは、「ロンドンに行くためには、飛行機を使う必要は必ずしもない」ということだけです。

同じように考えれば、「出世した人の中には、大学卒でない人もいる」という事実から言えることは、「出世するためには、大学卒である必要は必ずしもない」ということだけです。ところが、「大学卒である必要は必ずしもない」が、いつの間にか「大学の勉強は必ずしも役立たない」になってしまっています。論理の飛躍が起こっています。

右の文章には、理由の部分以外にもおかしい点があります。「(大学の勉強は)必ずしも役に立たない」と言いつつも、文章全体の調子としては、「ほとんど役に立たない」と断言するかのような勢いがあります。「必ずしも～ない」とは、一〇〇%でないことを指すにすぎません。かりに、筆者の言うとおり「必ずしも役に立たない」としても、九〇%ぐらいは役立つかもしれません。わざと可能性が低いかのように言うのは不適当です。

大学を出なくても出世はできますが、大学で得た知識が出世に役立つことは大いにありえます。学生諸君には、まずは大学の勉強を一生懸命することを求めます。

理由と結論が論理的につながっていない例を、もう一つ挙げます。

視聴率は信頼できるか

録画機器が普及し、テレビを生ではなく録画して視聴する人が増えたことなどから、視聴率の数字が実態と離れている可能性が指摘されている。数年前には、番組製作者が視聴率を不正操作しようとしたこともあった。視聴率の数字は信頼できるだろうか。

視聴率操作などの不正行為は残念であるが、基本的には信頼できると言っていい。なぜなら、今日でも、企業がテレビ局とスポンサー契約を結ぶ際、視聴率は最も重要な指標となっているからだ。

視聴率の調査会社は、以前は、世帯ごとの視聴率を調べるだけだったが、今では、男女別・年齢別などのきめ細かい調査を行っている。企業は、どの番組で自社のCMを流してもらうかについて、的確な判断材料を得ることができるようになった。

数字に振り回されることは愚かだが、視聴率が、現に企業活動のために役立っていることも事実だ。これを不当に軽視してはならない。


この文章も、論理がおかしいものです。全体に、もっともらしいことば遣いをしていますが、よけいな部分を取り去ってみれば、そのおかしさが明らかになります。三要素だけをまとめてみます。

「問題」視聴率の数字は信頼できるだろうか。
「結論」信頼できる。
「理由」なぜなら、企業がテレビ局と契約を結ぶ際、最も重要な指標となるから。

結論と理由の関係に注目してください。これでは、話があべこべです。「視聴率は信頼できる。だから、企業が契約する際、重要な指標となる」と言うのなら分かります。でも、右の文章では、理由と結論とが逆になっています。

ある帰結とその理由を述べる文章が正しいとしても、両者を入れ替えた文章が正しいとは言えません。「私は傘をさした。なぜなら、雨が降ってきたから」は理屈に合っていますが、「雨が降ってきた。なぜなら、私が傘をさしたから」は理屈に合いません。右の文章は、この誤りを犯しています。

論理的な誤りに注意する

1 論理が飛躍していないか

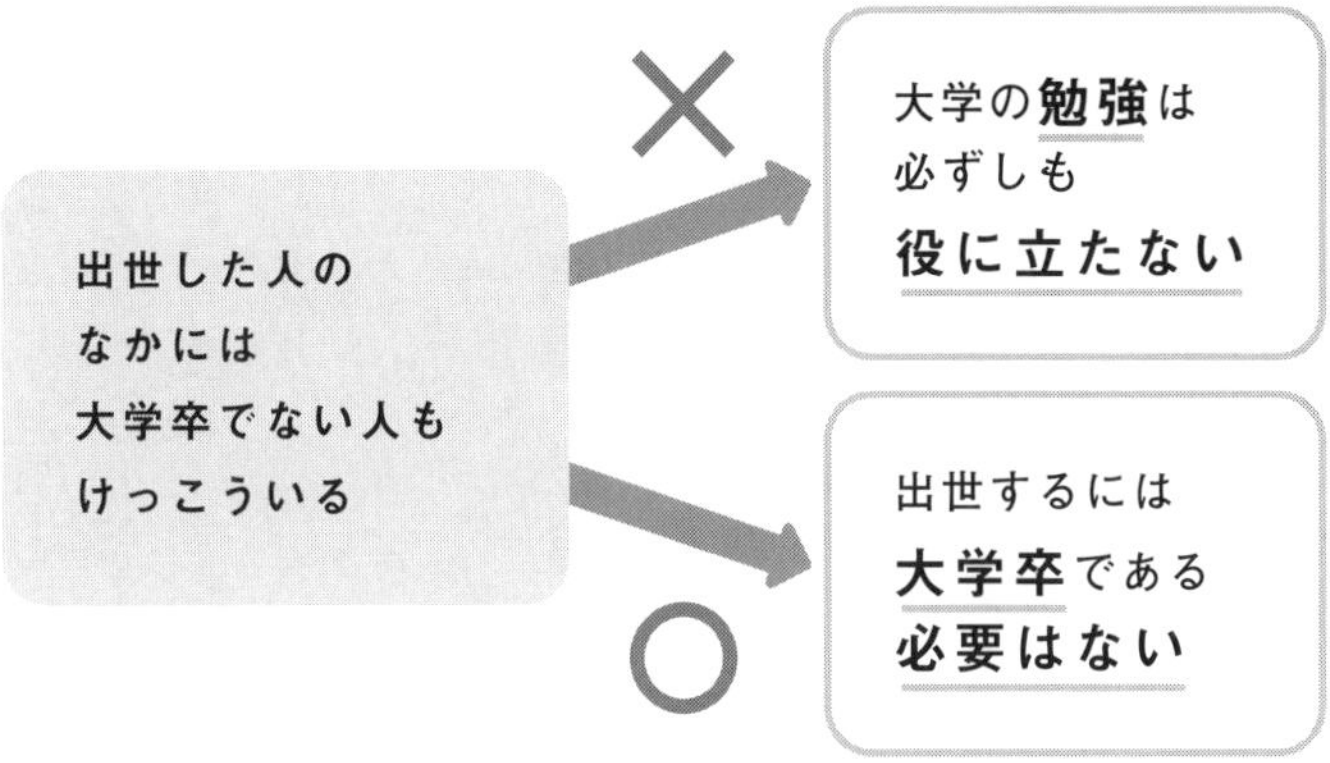

2 理由と結論が逆になっていないか

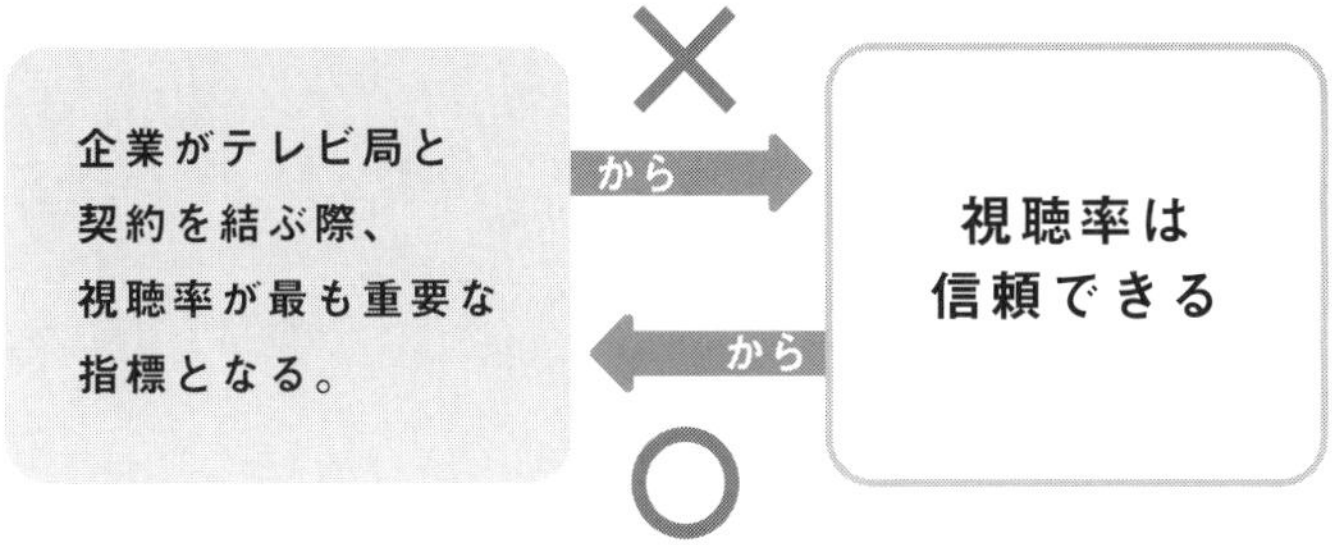

論理の誤りに関する例を二つ見ました。こうした誤りを犯さないように文章を書くには、論理学の初歩を知っておくことが有益です。分かりやすく、おもしろい入門書として、野矢茂樹『新版 論理トレーニング』（産業図書、大学生以上）、小野田博一『13歳からの論理ノート』（PHP、中学生以上、一般にも）を挙げておきます。いずれも、短い文章を読んで、その論理の適否を答えさせるようにしたもので、知らず知らず論理力が身につきます。

理由の範囲が不明確――「理由」のよくない述べ方②

次に、理由の範囲がどこからどこまでか不明確な例を挙げます。問題の範囲が不明確な文章（一八五ページ）と同じく、要点が取り出しにくい文章です。

施設は名称を変更するな

球場・劇場などの施設が命名権を売却する例が多い。たとえば、西武ドームは一時期、企業名を冠して「インボイス西武ドーム」「グッドウィルドーム」などと称していた。このように、公共施設が正式名称を変えることは許されることだろうか。

勝手な名称変更は許されるべきでない。私たちは、安易にそれを認めてはならない。

施設側は、権利の売却と引き換えに、企業側から料金を受け取る。つまり、広告の一種だ。

施設の側に立てば、収入確保の一つのアイデアという面はあろう。

とはいえ、名称変更が一般に及ぼす影響は大きい。主要な施設の名前が簡単に変わってしまっては、お互いに誤解が生まれ、日常生活に支障を来す。

私たちの社会は、ものの名前がほぼ一定していることを前提としている。会社の合併など、実態に応じた変更ならともかく、名前だけを変えることは適切でない。

対案を示したい。スポンサー名は、正式名称ではなく、かっこに入れて示すことにする。

そして、私たちやマスコミは、従来通りの名称を用いることにすればいい。


右の文章は、主張に関しては（反論は考えられるにしても）筋が通っています。でも、クイズ文としては、理由がどこからどこまでかが分からないのが欠点です。

整理してみましょう。まず、問題・結論の部分については、はっきりしています。

「問題」〈命名権売却で〉公共施設が正式名称を変えることは許されるか。
「結論」許されない。認められない。
「理由」なぜなら……

この「なぜなら」以下を決めるのが難問です。国語のテストふうに言えば、正解は、〈主要な施設の名前が簡単に変わってしまっては、お互いに誤解が生まれ、日常生活に支障を来す〉から（四段落目）の部分です。でも、〈名称変更が一般に及ぼす影響は大きい〉（四段落目）でも間違いではないし、〈私たちの社会は、ものの名前がほぼ一定していることを前提としている〉（五段落目）や〈実態に応じた変更ならともかく、名前だけを変えることは不適切だ〉（同）も理由のうちだと言うこともできます。

右の文章は短いので、理由の部分がまだしも探しやすいほうです。一方、何枚にもわたる長い文章ともなれば、理由を探し出すことはそれだけむずかしくなります。場合によっては、書いている本人も、「自分はどういう理由でこの結論を出したのだろう？」ということが分からなくなるおそれもあります。

一般の文章でも、理由の部分がどこからどこまでかが不明確な文章はいくらでもあります。読者が前後の関係から「このへんが理由だろう」と頼りなく推測するしかない場合もしばしばあります。

クイズ文は、考えを間違いなく伝えようとする文章ですから、これではいけません。理由の範囲をはっきり示すマークを必ずつける必要があります。

そのマークとは、

なぜなら、……からだ。
というのも、……からだ。
なぜかと言うと、……からです。

などがそうです。もっと直接的に、「その理由は、……からだ」と言ってもかまいません。「……」の部分に、理由となる事実が来ます。つまり、理由となる事実を、これらのマークで挟む形にします。

右の文章では、二段落目の〈勝手な名称変更は……認めてはならない〉のすぐ後の段落

に理由を持ってきて、

「なぜなら、主要な施設の名前が簡単に変わってしまっては、お互いに誤解が生まれ、日常生活に支障を来すからだ。名称変更が一般に及ぼす影響は大きい」

とすれば明快になります。

理由が感想または推測──「理由」のよくない述べ方③

理由が説得力をもつかどうかは、理由を支える証拠の部分にかかっています。ディベートでは、論文や新聞記事などの資料を証拠として使い、理由の信頼性を高めています。資料がなくても、常識的にだれもが納得できる理屈を証拠としてもかまいませんが、数値や事実を含む資料があれば、より説得力が増します。

その意味では、これまで例に示したクイズ文は、理由の資料的裏付けが欠けているものが多く、よくありませんでした。例文を短くするため、やむをえず省略したものです。

次に示す例の場合は、最初から、まるっきり資料を用意せず、感想や推測だけをもとに理由を述べています。

落書きは徹底して排除を

商店街などを歩くと、落書きのひどい場所がよくある。消しても何度も書かれるためか、もはや放置しているらしい場合もある。街のこうした落書きは、ある程度はやむをえないものだろうか。それとも、排除すべきものだろうか。

落書きは、自治体と住民が一体になり、徹底して排除すべきだと思う。

なぜなら、まず、落書きは住民の不安をあおると思うからだ。落書きが多くなると、街の雰囲気が殺伐としてきて、犯罪が起こりそうな気がする。また、実際に犯罪を誘発することにもつながると思うからだ。映画などでも、犯罪都市といえば、落書きの多い街が出てくるのが定番ではないかと思う。

落書きのない街づくりのために、自治体には条例で罰則を定めてほしいと思う。また、住民は一斉清掃などの活動を協力して行うことが必要だと思う。

ほとんどの文が「思う」で終わっているところからして、信頼できない文章です。誇張ではなく、こういうふうに「思う」の連続する文章を書く学生は、実際にいます。

「思う」は、自分の感想を述べるときに使う動詞です。感想とは、日記文の中で述べるものであり、クイズ文に入れてはいけません。クイズ文の中で「思う」が使われていれば、その部分は証拠能力がないことになります。クイズ文では「思う」を禁止ワードにすべきです。

右の文から「思う」を除くだけでは、十分な解決にはなりません。単なる感想でないことを示すためには、その証拠を示さなければなりません。

どういう証拠が必要かを考えるために、まず、右の文章から三要素を取り出します。

「問題」街の落書きは排除すべきか否か。
「結論」排除すべきだ。
「理由」なぜなら、①住民の不安をあおると思うから。
②犯罪を誘発することにもつながると思うから。

「思う」では頼りないので、右の①②が本当かどうか、資料に当たってみます。

「住民の不安をあおる」については、九州大学の有馬隆文研究室が福岡市中央区警固の住民にアンケート調査をしています。それによれば、〈昼間に犯罪に遭いそうな不安を感じるのはどんなところですか？〉という質問に対する回答のトップは〈落書きのある道〉で、七〇％に上ります。

また、「犯罪を誘発することにもつながる」というのは、裏から言えば「落書きを消せば犯罪が減る」と解釈されます。これについては、たとえば、平成一五年『警察白書』に紹介されている札幌方面警察署の取り組みが参考になります。住民と連携して薄野地区で環境浄化活動を強化した結果、窃盗犯が二年間で一五％減少するなどの成果を収めたといいます。

これらの事実を踏まえて手直しすると、理由の部分以下は次のようになります。

なぜなら、第一に、落書きは住民の不安をあおるからだ。福岡市中央区警固の住民アンケート調査によれば……回答のトップは〈落書きのある道〉で、七〇％に上る。[注1]

第二に、犯罪を誘発することにもつながるからだ。札幌方面警察署では、住民と連携して……窃盗犯が二年間で一五％減少するなどの成果を収めた。[注2]

〔略。末尾に〕

注1　九州大学　有馬隆文研究室（二〇〇五）「安全安心まちづくりにむけたアンケート結果」
http://media.arch.kyushu-u.ac.jp/DataRoom/QUESTIONNAIRE/Page1.html

注2　警察庁編（二〇〇三）『平成一五年版　警察白書』ぎょうせい　一二八ページ

資料がいい加減でないことを示すために、文章の末尾にこのように出典・刊年・ページ（ウェブサイトの場合はアドレス）などを示しておくことも必要です。本書では多く省略していますが、あくまで例を簡潔にするためです。

理由を整理せずに列挙――「理由」のよくない述べ方④

次に示すのは、理由を整理せずに列挙している例です。これまで見た文章の中にも、理由として複数の項目を挙げたものはいくつかありました。複数の理由があること自体は、べつに悪いことではありません。ただし、次のような文章は改善の余地があります。

残虐ゲームは法規制を

殺人などをリアルに擬似体験させる、いわゆる残虐ゲームが過激さを増している。残虐ゲームを法律によって規制する必要はないだろうか。

表現の自由に抵触しないように配慮すべきだが、法規制そのものは必要だ。理由はいくつかある。第一に、犯罪誘発の危険があるからだ。二〇〇五年の寝屋川市の教職員殺傷事件の少年は残虐ゲームの愛好者だった。各自治体で規制が強化された。第二に、暴力への抵抗感を麻痺《まひ》させるからだ。米陸軍では、非常にリアルなＣＧの戦闘ゲーム（残虐ゲームではない）を一般公開している。擬似戦闘に慣れた青少年たちを軍隊に勧誘するのが目的だ。残虐ゲームの場合、なおさら影響力が強いと考えられる。第三に、青少年の人格形成に有害だからだ。殺人場面などに慣れることによって、他人の苦しみに無関心な人間を増やすおそれがある。

これらの理由により、残虐ゲームは法規制をする必要があると考えられる。

この文章のように、理由を列挙することが必要になる場合は、しばしばあります。でも、その場合、それらの理由が必要かつ十分であるかどうか、よく確かめるべきです。

右の文章では、三つの理由が挙げてありますが、これらは、べつに三つに分けなくてもよさそうです。というのは、どの項目も、「残虐ゲームは青少年の精神に悪影響を与える」と言っている点で共通するからです。それならば、一つの理由にまとめたほうが簡単です。

理由の部分以下は、次のように書き改められます。

なぜなら、残虐ゲームは青少年の精神に悪影響を与えるからだ。**（理由）**

極端な場合、犯罪を誘発する危険がある。二〇〇五年の寝屋川市の教職員殺傷事件の少年は……各自治体で規制が強化された。**（理由を支える証拠1）**

犯罪に至らないまでも、暴力に対する抵抗感を麻痺させる。米陸軍では……残虐ゲームの場合、なおさら影響力が強いと考えられる。**（理由を支える証拠2）**

このほか、殺人場面などに慣れることによって、他人の苦しみに無関心になるなどの影響が憂慮される。青少年の健全育成のために、すみやかな法規制が求められる。

理由を整理せずに列挙してはいけない

第一に、犯罪誘発の危険があるからだ。

第二に、暴力への抵抗感を麻痺させるからだ。

第三に、青少年の人格形成に有害だからだ。

↓ 整理すると一つにまとめることができる

なぜなら、残虐ゲームは青少年の精神に悪影響を与えるからだ。

これで、理由の部分は、右の最初の段落だけとなり、あとは「理由を支える証拠1」「理由を支える証拠2」などとなりました。

一つの文章中に、理由の数は多くないほうが、論旨がすっきりします。反対に、理由を支える証拠は、豊富であればあるほど、論の説得力が増します。これを図式化して書くと、次ページのようになります。

また、証拠となる資料の出典・刊年・ページなどを示すことが必要なのも、前節で述べたとおりです。右の文章の場合は、たとえばこうなります。

……二〇〇五年の寝屋川市の教職員殺傷事件の……規制が強化された。[注1]

……米陸軍では……一般公開している。[注2]

〔略。末尾に〕

注1　『毎日新聞』二〇〇五年六月二七日「『残虐ゲーム』販売、自主規制へ」

注2　堤未果（二〇〇八）『ルポ　貧困大国アメリカ』岩波新書　一三五〜一三八ページ

「理由」は少なく「証拠」は多く

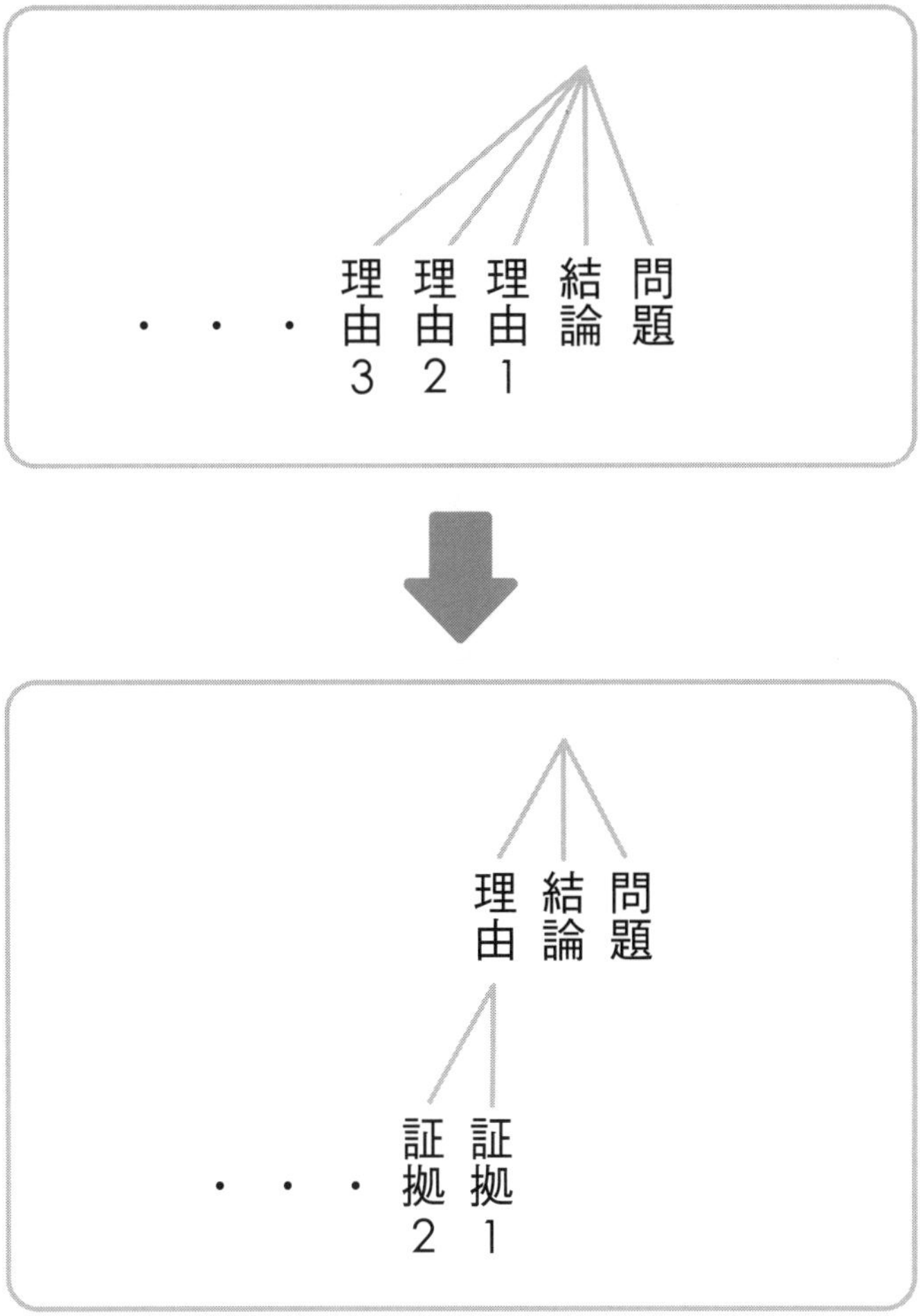

「理由を支える証拠」だけでも一章になる

なお、論文などを書くときは、「理由を支える証拠」の一つ一つについて、まるまる一章を充てることもあります。

たとえば、次のようなテーマを考えてみます。

本書を執筆している二〇〇八年現在、大相撲の評判はよくありません。いろいろな不祥事が起こり、「もう大相撲に将来はないのではないか」と見る人もいます。ところが、一方で、大相撲は、日本が外国とつき合う上で、大いに役立っているといいます。たとえば、モンゴルでは、モンゴル力士の日本での活躍により、親日感情が高まっています。また、フランスでは、シラク前大統領が相撲好きだったため、相撲嫌いのサルコジ大統領になってからも、優勝力士に「日仏友好杯」が授与されています（『毎日新聞』二〇〇八年九月二七日、西川恵専門編集委員の文章による）。

論文でこのテーマを扱うとすると、次のような章立てが考えられます。

まず、「はじめに」の章で、「相撲は日本外交の役に立つか」という問題を提起します。

そして、「大いに役立つ」「なぜなら、相撲のおかげで世界の人々の親日感情が高まっているからだ」という結論・理由を述べます。

そうすると、「親日感情が高まっているから」という理由を支える証拠として、各国の相撲事情をくわしく述べる必要があります。十分くわしく述べるためには、それぞれの国ごとに、一章を設けることが適当でしょう。

一例として、次のような章立てが考えられます。

はじめに　相撲は日本外交の役に立つか **（問題・結論・理由）**
第一章　モンゴルの事情 **（理由を支える証拠1）**
第二章　フランスの事情 **（理由を支える証拠2）**
第三章　ブルガリアの事情 **（理由を支える証拠3）**
…
まとめ **（問題・結論・理由の確認）**

このように、まず「はじめに」で「問題・結論・理由」を示し、理由がうそでないことを示すため、「ではモンゴルではどうだろうか」「フランスではどうだろうか」というふうに、章＝証拠を増やしていきます。理由を支えるいくつもの証拠によって、論全体の確かさが支えられます。卒業論文などは、この方法で書くと、うまく行くでしょう。

反論を想定して書こう

これで、「問題・結論・理由」のそれぞれについて改善方法を考える話は終わりです。このほかに、なお一点、結論と理由の両方に関係することで、読者の注意を促しておきたいことがあります。それは、「クイズ文を書くときには、反論を考慮しなければならない」ということです。

先に、クイズ文とは、読者の反論を想定して書く文章だということを説明しました（九一ページ）。また、反論の方法についてはディベートの例（一四二ページ以下）を通じて分かってもらえたと思います。

本書でここまでに示したクイズ文の多くは、反論についてあまり具体的に触れませんでした。この節では、反論を想定しながら書く方法について説明します。

どのような反論がありうるかについて考慮のない文章は、どんなにいいことを言っていても、説得力に欠けるものです。取り上げる問題が複雑であればあるほど、自説に対する反論も多く想定しなければなりません。

次の例によって、反論のしかたを考えていきましょう。

外国人介護士らに滞在期限設けるな

インドネシアなどとの協定により、介護などの現場にたずさわる外国人労働者の受け入れが始まった。ところが、来日後三～四年以内に日本の国家試験に合格できなければ帰国しなければならないという規定が設けられている。かれらの滞在に期限を設けることは適当だろうか。

このような規定は現実に合わない。滞在期限を設けることは適当でない。なぜなら、外国人労働者が帰国させられてしまうと、介護の現場では、貴重な労働力を失うことになるからだ。また、本人にとっては、介護の現場で積んだ実績がまったくむだになってしまうからだ。

意欲のある働き手がせっかく海外から来るにもかかわらず、政府は、その意欲を十分に生かす仕組みを作っていない。外国人労働者にも日本の福祉の一端を担ってもらえるように、滞在期限の規定を撤廃することが必要だ。

この文章は、NHKの番組で、飯野奈津子解説委員が国の受け入れ態勢の不備を繰り返し指摘していたこと（二〇〇八年八月六日「時論・公論」など）に触発されたものです。ただし、主張は私自身のものです。

「問題・結論・理由」をまとめておきます。

「問題」介護などの現場で働く外国人労働者に滞在期限を設けることは適当か。
「結論」適当でない。
「理由」なぜなら、現場の貴重な労働力が失われるから。また、本人は、介護の現場で積んだ実績がまったくむだになるから。

この文章でも、理由を支える証拠やその出典を示さなければなりませんが、本節はその話が主眼でないので、省略します。本当ならば、たとえば、介護職が人手不足であることを、求人倍率や離職者の割合などの数字によって示すことなどが必要です。

右のような結論に対して、まず考えられる反論は、次のようなものでしょう。

「滞在期限を設けなければ、国家資格を得ていない、知識・技能の不十分な外国人労働者が、ずっと介護などの現場にたずさわることになる。これは避けるべきだ」

もっともな主張に思われます。試験を通らない労働者が多く働いている施設では、十分なサービスを受けられないのではないかと不安に思う人もいるでしょう。

こういう反論を読者の多くが抱いたままであれば、この文章は読者を説得できません。文章の中で、反論をつぶしておく必要があります。反論に対する「再反論」を行います。

反論に言及する部分は、「次のような反論があるだろう」「……という反論があるだろう」などの形で始めるといいでしょう。

書き方の一例を示します。


滞在期限を設けなければ、国家資格のない、知識・技能の不十分な外国人労働者が、長く現場にたずさわることになるという反論があるだろう。もし、それによって現場のサービスが低下するならば、たしかに問題がある。

だが、国家試験に合格できないからといって、知識・技能が不十分だということにはならない。もともと、来日する外国人労働者は、本国で看護師の資格を取得し、二年以上の実務経験のある人ばかりだ。能力の点では一定の水準を満たしている。ところが、日本での国家試験は難解な日本語で行われるため、来日して間もない外国人にとっては、語学の面でハンディキャップが大きいのだ。

このように論じれば、「国家試験に合格できない＝知識・技能が不十分」という主張に対しては反論したことになります。もっとも、それでも「介護士などにとって、日本語の能力も技能のうちだ」という新たな反論もありえます。それに対しては、また反論を考えなければなりません。いろいろな反論に備えれば備えるほど、文章の量は長くなっていきます。

想定される反論と、それに対する再反論の、典型的な述べ方をまとめておきます。

……という反論があるだろう。

たしかに、もし……ならば問題がある。

しかし、実際は……だ。したがって、反論は当たらない。

だいたい、右のような骨組みに則って、筆者が一人で反論と再反論を進めていきます。

POINT

▼すぐに反論されないような理由を用意する。
▼理由の述べ方がよくない典型的な例として、次のようなものがある。
①理由が結論へ論理的につながらないもの
②理由の範囲が不明確なもの
③理由が感想または推測にとどまるもの
④理由を整理せずに列挙するもの
▼クイズ文を書くときには、反論を考慮しなければならない。

LESSON 5

文章完成に向けてすべきこと

足りないところは何だろう

本書も終わりに近づきました。私たちの書き進める「学校での朝食」のクイズ文を、この課で一挙に完成させることにします。

まず、今までに執筆したところを、改めて見てみましょう。すでに、「問題・結論・理由」の三要素はそろっています。

朝食を抜いて登校する子どもは少なくない。知人の小学生の子どもも、よく朝食をとらずに学校に行くそうだ。**（背景説明）**

朝食を抜く子どもを減らすため、学校で朝食を出す動きもある。岡山県美咲町の小学校では、一時間目が終わったあとで、ヨーグルトやチーズなどを希望者に与えているという。こうした「学校での朝食」は、朝食抜きへの対策として適当だろうか。**（問題）**

適当な対策といえる。**（結論）**

なぜなら、朝食をきちんととることで、子どもは授業によく集中し、学習効果が上がるからだ。学校が子どもの学習効果を上げるために支援するのは当然のことだ。**（理由）**

このクイズ文には、三要素がそろっているのですから、筆者の言いたいことは分かります。考えを伝えるという目的に関しては、これでもう達成されています。ただ、何か足りないところがあります。それは、説得力という点です。この文章は、二つの理由によって説得力に欠けます。

- 資料の裏づけがとぼしい
- 反論を想定していない

資料的な裏づけを取ろう

一つ目の理由は、資料の裏づけがとぼしいということです。たとえば、冒頭に〈朝食を抜いて登校する子どもは少なくない〉とありますが、本当でしょうか。証拠として出されているのは、筆者の知人の子どもの例だけです。それだけで〈少なくない〉は言いすぎです。

また、岡山県美咲町の小学校の事例は、どこで聞いたのでしょうか。信頼できる出典を示すべきです。

そして、理由として記された「朝食をとると、学習効果が上がる」という部分。常識的には、朝食と学習効果には関係がありそうですが、いっそう確かなデータはあるのでしょうか。

読者からは、少なくとも、以上の三点の疑問が出てくるでしょう。

その疑問を打ち消すためには、参考文献を調べなければなりません。ここでは、主にインターネットなどを使って調べます。そうすると、信頼できる資料が見つかりました。

資料を読んで得た情報を書き加えて、先の文章を修正すると、次のようになります。

朝食を抜いて登校する子どもは少なくない。日本スポーツ振興センターが二〇〇五年度に行った調査によれば、朝食を毎日とる子どもは、小学五年生で約八五%、中学二年生で約八〇%程度にとどまるという。**（背景説明）**

朝食を抜く子どもを減らすため、学校で朝食を出す動きもある。岡山県美咲町の小学校では、一時間目が終わったあとで、ヨーグルトやチーズなどを希望者に与えている。こうした「学校での朝食」は、朝食抜きへの対策として適当だろうか。**（問題）**

適当な対策といえる。**（結論）**

なぜなら、朝食をきちんととることで、子どもは授業によく集中し、学習効果が上がるからだ。学校が子どもの学習効果を上げるために支援するのは当然のことだ。**（理由）**

『平成一九年版 食育白書』によれば、朝食をきちんととる子どもほどペーパーテストの得点が高く、また、身体的な持久力も高い傾向があるという。朝食をとることと、子どもの学習能力・身体能力とは密接な関係があることが分かる。**（理由を支える証拠）**

正確な出典名は、今はわずらわしいので、あとでまとめて示します。美咲町の小学校の事例は、『朝日新聞』から採ったものです。

資料の裏づけを得ることによって、文章の説得力が増しました。朝食を抜いて登校することのある子どもは、二割程度はいることになります。また、朝食と学習能力・身体能力との関係を裏づけるデータがあることは、理由の確かさをより強固にします。クイズ文として、かなり水準が高くなりました。

反論に備えよう

もう一つ、この文章が説得力に欠けていた理由は、反論を想定していなかったからです。反論はさまざまなものが考えられますが、八〇〇字程度というこのクイズ文の字数から言って、大きな反論を一つ設定して、それをつぶすことができれば十分です。

どういう反論が考えられるでしょうか。

多くの人は、家庭で子どもに朝食を食べさせることは保護者の養育義務のうちに含まれると考えるでしょう。もし、学校で朝食を出すようになったら、保護者がその養育義務を放棄することにならないか。まず想定される反論はそれでしょう。

つまり、いいかげんな親が、ますます朝食を作らなくなるのではないか、そう心配する読者が多いだろうと予想されます。

これに対して、どう反論すべきでしょうか。

そもそも、子どもはなぜ朝食を抜いて登校するのかが知りたいところです。もし、保護者がなまけて食事を作らないのであれば、学校で朝食を出すことは、その怠惰を助長するおそれがあります。でも、別の理由で朝食を抜いて来るのだとしたら？ 事実はどうか、またしても調べてみます。

後に示す資料によれば、子どもが朝食を抜いてくる理由は、お母さんがご飯を作ってくれないからというよりは、主として、食欲がなかったり、時間がなかったりするからのようです。ということは、いわば、本人の責任です。保護者の義務放棄とは、あまり関係なさそうです。

主な反論については、右に述べたことを軸に再反論を組み立てられるでしょう。

そのほかに想定される反論または疑問として、「朝食をとっている子どもまで含めて、給食のように、全員に朝食を出すつもりか？」とか、「朝食の費用はどうするのか。税金でまかなうなら、不公平ではないか？」とかいうような声が上がるかもしれません。そういった点については、結論の部分に文言をつけ足して、断っておきましょう。

これが完成作品だ

以上の二点、すなわち、資料的な裏づけを取ること、そして、反論に備えることを考慮すると、次のようなクイズ文ができあがります。

読者には、できれば、これを読む前に、同じテーマで自分なりにクイズ文をまとめてみることをお勧めします。

字数は、八〇〇字程度です。

タイトルは、問題部分、または、結論部分を要約したものを用いるといいでしょう。というのも、筆者の考えを最も端的に表すのが、問題または結論だからです。問題には筆者の考えの出発点が示され、結論には到着点が示されています。

段落のまとまりごとに、適宜改行してください。学生に文章を書かせると、改行がまったくない文章を書いたり、逆に、一文ずつ改行したものを持ってきたりして、驚かされます。ここで「段落のまとまり」というのは、「背景説明→問題→結論→理由→理由を支える証拠→想定される反論→反論に対する再反論→結論の確認」などという論の段階のそれぞれを指します。

それでは、読者の書いた（または、思い描いた）クイズ文と、次の文章を比べてみてください。

学校で朝食を出してもいいか

朝食を抜いて登校する子どもは少なくない。日本スポーツ振興センターが二〇〇五年度に行った調査[注1]によれば、朝食を毎日とる子どもは、小学五年生で約八五%、中学二年生で約八〇%程度にとどまる。残りは、一週間のうち何日か食べない日があるか、ほとんど食べないという。**（背景説明）**

朝食を抜く子どもを減らすため、学校で朝食を出す動きもある。岡山県美咲町の小学校では、一時間目が終わったあとで、ヨーグルトやチーズなどを希望者に与えている。[注2]こうした「学校での朝食」は、朝食抜きへの対策として適当だろうか。**（問題）**

給食制度として全員に与える必要はないが、欠食した子どもにだけ有料で与えるならば、

適当な対策といえる。**(結論)**

なぜなら、朝食をきちんととることで、子どもは授業によく集中し、学習効果が上がるからだ。学校が子どもの学習効果を上げるために支援するのは当然のことだ。**(理由)**

『平成一九年版 食育白書』[注3]によれば、朝食をきちんととる子どもほどペーパーテストの得点が高く、また、身体的な持久力も高い傾向があるという。朝食をとることと、子どもの学習能力・身体能力とは密接な関係があることが分かる。**(理由を支える証拠)**

学校で朝食を出すと、家庭で朝食を用意しなくなるという反論があるだろう。だが、子どもが朝食をとらない理由は、「食欲がない」「食べる時間がない」があわせて八割に達し、「朝食が用意されていない」は一割に満たない。[注4]必ずしも朝食について家庭の意識が低いわけではなく、子どもの生活態度に主な理由があることがうかがえる。**(想定される反論とそれに対する再反論)**

子どもに家庭で朝食をとるようにさせるためには、早寝早起きの習慣をつけさせるなど、生活全般にわたる指導が必要なのはもちろんだ。そのことと、学校で朝食を出すことは両立する。学習効果が上がることを通じて、朝食の大切さを子どもに分からせることも、学校として行うべき教育の一つだ。**(結論の確認)**

注1　日本スポーツ振興センター（二〇〇七）『平成一七年度 児童生徒の食生活等実態調査報告書』http://www.naash.go.jp/kenko/siryou/chosa/syoku_life_h17/chosa_h17.html
注2　『朝日新聞』二〇〇六年六月九日「『朝ご飯給食』やむにやまれず　そこまで必要？　食べずに登校、学校が現実策」
注3　内閣府（二〇〇七）『平成一九年版 食育白書』http://www8.cao.go.jp/syokuiku/data/whitepaper/2007/pdf-honbun.html
注4　注1に同じ。

優秀作品の紹介

読者とともに、「学校での朝食」についてのクイズ文を作ってきました。私としては、読者が、本書を読みながら、あたかも自分自身で文章を書いているような感覚にひたってくれればいいと思ったのですが、さて、うまく行きましたかどうか。

読者は、私の説明を読むだけではもの足りないに違いありません。どうか、実際にクイズ文を書いてみてほしいと思います。クイズ文は、そんなにむずかしい形式ではないはずです。むしろ、ここまでを理解した読者にとっては、書きやすい形式だと信じます。

本書に載せた文章は、新聞記事など、特に明示したもの以外は、私が書いたものです。クイズ文の見本（よくない例も含めて）となるように気をつけて書いたつもりですが、書き手が一人だと、特有の癖が出たりして、不満な点もあります。

そこで、最後に、私の授業の受講者が書いてくれたクイズ文のうち、優秀なものから二編を選び、本人の了解を得て掲載します。私の文章とはまた感じの変わったクイズ文です。どうぞ参考にしてください。

ただし、私の判断で、原文の不要と思われる部分を省略したり、語句をより適切に直したりした部分があります。

一つ目の優秀作品は、アルバイト先での実体験に基づいたクイズ文です。

〔例1〕レジの混雑の法則

昆《こん》　亜耶佳《あやか》

今年の三月に高校を卒業し、春休みをどう過ごすか悩んでいた頃《ころ》、友達に誘われてスーパーのレジのバイトを始めた。そこで気付いたことがある。

レジには、必ず人が行列をつくって並ぶ台が一つや二つはある。それは、出入り口に近く、かつ飲み物や野菜の場所から近くて便利な、端っこのレジだ。混んでいなくてもそこは人が途絶えない。一方、真ん中らへんにあるレジは、お客さんがあまり来ないので、バイト仲間はみなそこへ入りたがる。

そこで疑問が生まれる。スーパーで混むレジと、空いてるレジの差には、何が関係しているのだろうか。レジの位置によるのだろうか。

それもあるが、むしろ、レジでの接客のしかた、つまり声を出しているかいないかで、そのレジにお客さんが並ぶかどうかが決まる。

なぜなら、お客さんは、元気に挨拶《あいさつ》や声かけをするレジに並びたいからだ。実際にお客さんに聞いてみたところ、そう言ってくれた。

私の場合、声が大きく通りやすいので、どこのレジをやっていても必ず人が集まると、バイト仲間や店長から言われる。だが一方、声をあまり出していない人は、待機していても口を開かずだんまりしているので、混んでいる時以外はお客さんもその人のレジにわざわざ行こうとは思わないらしい。それで、よく利用する飲み物類の棚に一番近いレジに並び、その結果列ができてしまう。

レジの台数はあるのにもかかわらず、並ぶ人数の差が出てしまうのは問題だ。皆が声を出して接客するようにしたい。そうすれば、一つのレジばかりに負担をかけず、全部のレジが効率よくまわる。お客さんにも、待たずに気持ちよく買い物をしてもらえる。

「レジの混み具合は何によって決まるか」を問題にした文章です。Wh-型（択一型）のクイズ文と見ることができます。レジの位置も関係しているものの、一番の要因は「レジの人が声を出しているかどうか」だと筆者は言います。その理由は、お客さんは元気にあいさつや声かけをしてくれるレジを好むからだということです。

「レジの混み具合を決める要因」について、「位置」という常識的な答えを裏切る結論を示しているところに価値があります。一つだけ注文をつけるならば、お客さんたちの声を、もう少しくわしく知りたかったと思います。

では、もう一つの優秀作品です。こちらは、時代の流れを感じさせる問題を取り上げています。

〔例2〕 公衆電話は不必要か　　坂本　暁翁

財布の中にあるカードを整理していると、新品同様のテレホンカードが出てきた。それをながめているうち、自分が公衆電話を利用する機会、いや、公衆電話を見る機会そのものが、昔に比べて少なくなってきていることに気づいた。

NTTの資料[注1]によれば、平成七年に三八・五万台あった公衆電話が、平成一七年には一八・七万台と、一〇年で半分以下の台数になってしまったという。携帯電話が普及している現在では、公衆電話の必要性はなくなったのだろうか。

もはや必要ではないという人もいるかもしれない。しかし、自分は、公衆電話は現在でも必要であると考える。

なぜならば、携帯電話を持たない人は現在でも少なくないからである。また、災害時に公衆電話の存在意義は大きいからである。

現在、携帯電話の個人利用率は七〇%を超えるが、一二歳以下の子供や、七〇歳以上のお年寄りで見ると三〇%台に過ぎない。[注2]そういう人にとって、公衆電話は、外出先で連絡をしたいときの大切な手段となる。

また、地震など大災害が起こったとき、携帯電話はつながるとは限らないが、公衆電話があれば連絡することが可能になる。電気通信事業者協会の広報では〈被災地からの電話は、公衆電話が比較的つながりやすいことがあります〉と呼びかけている。[注3]NTTの全国調査[注4]でも、災害時の連絡手段として最も多くの人が公衆電話を挙げ（六二・七%）、非常手段として認識されていることが分かる。

このような点を考えれば、携帯電話が普及した現代だからといって、公衆電話が必要なくなったとは言えない。公衆電話が活躍する余地はまだ多く残っている。

注1　NTT東日本・NTT西日本（二〇〇六）「第一種公衆電話の必要性と収支改善の取り組みについて」http://www.ntt-east.co.jp/aboutus/univ-sub3.pdf
注2　総務省（二〇〇八）「平成一九年「通信利用動向調査」の結果」http://www.johotsusintokei.soumu.go.jp/statistics/data/080418_1.pdf

注3　電気通信事業者協会（二〇〇四）「災害発生時における重要通信確保等の取組みについて」
http://www.tca.or.jp/japan/news/040113.html
注4　注1に同じ。

じつは、私は携帯電話を（いまだに）持っていないため、公衆電話が撤去されつつあることに不安を強く持っています。それもあって、この文章には注意をひかれました。「公衆電話の必要性はなくなったのだろうか」という問題に対し、「現在も必要性はある」と結論しています。理由として、子ども・高齢者の携帯電話利用率が低いこと、災害時に公衆電話の存在が大きいことを挙げています。Yes or No型（ディベート型）のクイズ文です。

挙げてある理由は平凡とも言えますが、単なる感想にとどまらず、データによって裏付けてあるところが長所です。ちょっとしたことを言うにも、資料の裏付けがあるとないとでは大違いです。

読者には、自分で書いたクイズ文と、この二人の文章を比べてみてほしいと思います。同じぐらいか、これを超えるレベルであれば、クイズ文の免許は皆伝です。

POINT

▼文章に説得力を持たせるには、
①資料的な裏づけを取る
②反論に備える
▼タイトルには問題か結論を要約したものを用いる。
▼段落のまとまりごとに適宜改行しないと読みにくい。

第3章のまとめ

◌「問題」は、原則として「〜か」という疑問形で書き、読み手が思わず考えてしまうようなものにする。

◌「結論」は、問題のすぐ後の段落に、間を置かずに書く。さらに、文章の終わりにもう一度繰り返して確認する。

◌「理由」は、結論の後の段落に書く。結論と論理的につながっていることが大切。

◌文章の説得力を増すためには

①信頼できる資料によって、裏づけを取る。

②反論を想定して、それに再反論する形で書く。

おわりに

私の肩書きは「国語辞典編纂者《へんさん》」といいます。国語辞典を作るのが本職です。辞書の編纂といえば、漠然と「単語の意味を説明する仕事」というイメージを持たれるでしょうか。まあ、だいたいそんなところです。

「単語」ということばの断片を扱う商売の人間が、なぜ、「文章」ということばの構造体についての本を書くのか。微妙に専門が違っているような気もしますね。

ただ、私は若い頃から、単語を選ぶときにも、文章を書くときにも、共通する問題意識を持っていました。それは、どうすれば、出来事や思い、考えを、相手に間違いなく届けられるか――短く言えば、「ことばはどうすれば伝わるか」ということです。

ことばを伝えるにはいろいろなコツがあります。とりわけ、考えを伝えるためには、そのことばが一定の型に従っていることが必要です。私はそのことを、およそ二〇年前に掘り下げて考える機会がありました。

大学で急に文章指導の授業を担当することになって、「論ずるとはどういうことか」を考えました。私自身も学生時代にレポートや論文を書いたし、その後も論理的な文章を書き続けていました。でも、その文章は、何となく書いたらできあがった、というものでした。学生に書き方を指導するための方法論を、私は持ち合わせていませんでした。

指導に自信がないと、どうしても難しい説明に走ります。それでは学生に分からないし、私自身も、実際に難しい方法論に従って文章を書いている自覚はありませんでした。

文章とは、結局、どういう形式を備えたものか。それを突き詰めた結果、「日記文」「クイズ文」と私自身が呼ぶ類型が見えてきました。そして、考えを伝えるためには後者、「問題」「結論」「理由」を備えたクイズ文を書くしかないことに考え至りました。

こうして、本書のもとになる『非論理的な人のための 論理的な文章の書き方入門』が生まれました。この本は幸運にも、読者の支持を得ることができました。その一方、「オリジナリティー（独自性）がない」という批判もネットで見かけました。私にとって、これはむしろ賛辞でした。

私は、本書で独自の「飯間理論」を展開するつもりはありません（名称こそ「クイズ文」などと工夫しましたが）。文章を独特の「マイルール」に従って書くと、読者にとっては読みにくいものになります。私は本書で、ものごとを論じるときに必要な、ごく一般的な型を説明しました。どこに行っても通用する型です。ものを考え、書くことが多い人には、この型のことをぜひ知っておいてほしいと願っています。

本書を刊行するにあたっては、もとの本に引き続き、ディスカヴァーの藤田浩芳さんにお世話になりました。藤田さんのおかげで、私は文章の書き方についての考えを深めることができました。私の可能性を開いていただいたと感謝しています。

読者の皆さん。文章を書くのはしんどい作業ですが、内容を伝えるための一般的な型を理解していれば、その作業はぐっと楽になります。本書がその作業をお手伝いできれば幸いです。お読みいただき、ありがとうございました。

飯間　浩明

二〇一八年二月二八日

本書は小社から二〇〇八年に出版された『非論理的な人のための論理的な文章の書き方入門』を再編集・改題したものです。

伝わるシンプル文章術

発行日　2018年3月25日　第1刷

‖ Author　飯間浩明

‖ Book Designer　鈴木大輔 ＋ 仲條世菜（ソウルデザイン）
‖ Illustrator　©Asterisk/amanaimages.（イラスト）小林祐司（本文図版）

‖ Publicationr　株式会社ディスカヴァー・トゥエンティワン
〒102-0093　東京都千代田区平河町2-16-1 平河町森タワー11F
TEL　03-3237-8321（代表）
FAX　03-3237-8323
http://www.d21.co.jp

‖ Publisher　干場弓子
‖ Editorr　藤田浩芳 ＋ 林拓馬

Marketing Group
Staff　小田孝文　井筒浩　千葉潤子　飯田智樹　佐藤昌幸　谷口奈緒美
古矢薫　蛯原昇　安永智洋　鍋田匠伴　榊原僚　佐竹祐哉　廣内悠理
梅本翔太　田中姫菜　橋本莉奈　川島理　庄司知世　谷中卓　小田木もも

Productive Group
Staff　千葉正幸　原典宏　林秀樹　三谷祐一　大山聡子　大竹朝子
堀部直人　塔下太朗　松石悠　木下智尋　渡辺基志

E-Business Group
Staff　松原史与志　中澤泰宏　西川なつか　伊東佑真　牧野類

Global & Public Relations Group
Staff　郭迪　田中亜紀　杉田彰子　倉田華　李瑋玲　連苑如

Operations & Accounting Group
Staff　山中麻吏　小関勝則　奥田千晶　池田望　福永友紀

Assistant Staff
俵敬子　町田加奈子　丸山香織　小林里美　井澤徳子　藤井多穂子
藤井かおり　葛目美枝子　伊藤香　常徳すみ　鈴木洋子　内山典子
石橋佐知子　伊藤由美　小川弘代　越野志絵良　小木曽礼丈　畑野衣見

‖ DTP　株式会社RUHIA
‖ Printing　共同印刷株式会社

ISBN978-4-7993-2242-0